L'intéressement et la participation à la portée de tous

Éditions d'Organisation
1, rue Thénard
75240 Paris Cedex 05
www.editions-organisation.com

Le code de la propriété intellectuelle du 1er juillet 1992 interdit en effet expressément la photocopie à usage collectif sans autorisation des ayants droit. Or, cette pratique s'est généralisée notamment dans l'enseignement, provoquant une baisse brutale des achats de livres, au point que la possibilité même pour les auteurs de créer des œuvres nouvelles et de les faire éditer correctement est aujourd'hui menacée. En application de la loi du 11 mars 1957, il est interdit de reproduire intégralement ou partiellement le présent ouvrage, sur quelque support que ce soit, sans autorisation de l'Éditeur ou du Centre Français d'Exploitation du Droit de copie, 20, rue des Grands-Augustins, 75006 Paris.

© Éditions d'Organisation, 2005
ISBN : 2-7081-3431-0

Jean-Jacques BALLAN

L'intéressement et la participation à la portée de tous

COLLECTION
MANAGEMENT SOCIAL

Sous la direction de Hubert Landier

Éditions
d'Organisation

Sommaire

© Éditions d'Organisation

© Éditions d'Organisation

© Éditions d'Organisation

Préambule

Intéressement et participation Duel ou duo ?

Même si les préoccupations relatives à une juste rémunération des salariés sont aussi anciennes que le développement de la vie économique, c'est seulement depuis une cinquantaine d'années que l'on voit en France se constituer un dispositif cohérent de modes de rétributions d'un genre nouveau par rapport aux formes traditionnelles de rémunération du travail (salaires et primes) et du capital (dividendes et intérêts).

L'intéressement date en effet de 1959 dans sa forme primitive et il a fallu attendre 1967 pour voir la concrétisation, par la participation des salariés aux fruits de l'expansion, de l'idée née du Conseil national de la Résistance de l'association capital-travail. Les combats idéologiques apaisés, les mécanismes se sont affinés, les terrains se sont élargis, les procédures se sont compliquées pour donner aujourd'hui à la France une véritable originalité et une certaine avance sur un sujet appelé, assez approximativement d'ailleurs, *rémunération différée* ou *épargne salariale*.

Et pourtant le développement de ces nouvelles formes de rémunération ne s'est fait ni rapidement ni spontanément. Aujourd'hui, à peine plus de la moitié des salariés des entreprises françaises bénéficient de ce type de rétributions, alors même que ses mérites sont très largement reconnus. De plus, ce développement est très inégal selon

© Éditions d'Organisation

la taille des entreprises, puisque seulement 5 % des salariés dans les entreprises de moins de 10 salariés en bénéficient, contre plus de 95 % dans les entreprises de plus de 1 000 salariés.

Il n'est pourtant pas si fréquent dans l'entreprise de trouver des sujets sur lesquels les attentes des salariés et les objectifs de l'entreprise se rencontrent et se valorisent pour se priver de ceux qui sont à portée de la main.

L'objectif de ce guide pratique est de permettre à tous ceux qui cherchent à promouvoir une politique de rémunération novatrice et dynamique de se familiariser avec ces mécanismes de rémunération différée que sont l'intéressement et la participation. Il s'adresse donc en premier lieu à tous ceux qui, dans l'entreprise sont concernés par le sujet :

- les dirigeants de sociétés de taille modeste ou moyenne qui souhaitent mettre en place des dispositifs incitatifs et attractifs au service de l'entreprise et de ses collaborateurs ;
- les responsables de ressources humaines en charge des politiques sociales ;
- les partenaires sociaux soucieux des intérêts bien compris de leurs mandants et appelés à négocier et accompagner la mise en place de ces dispositifs ;
- les salariés qui peuvent trouver dans une politique de rétribution attractive des raisons de développer leur engagement et leur coopération dans le double intérêt de l'entreprise et de leur propre avenir ;
- les étudiants en ressources humaines et en management social pour lesquels le thème de la rétribution fait partie intégrante des domaines sur lesquels ils doivent se doter de notions fortes et opérationnelles.

Mais l'objet de ce guide n'est pas pour autant d'apporter une somme exhaustive sur le thème général de l'épargne salariale et de l'actionnariat des salariés dans l'entreprise. D'autres ouvrages et documents traitent abondamment de ces aspects et l'on se concentrera ici sur les deux principaux piliers des politiques de rémunération différée que

© Éditions d'Organisation

sont l'intéressement et la participation. Conscients de l'arbitraire que représente ce choix, nous avons délibérément opté pour une vision simple et opérationnelle, dans l'axe éditorial de cette collection.

Naturellement, la complexité du sujet nous conduira à évoquer les autres aspects de l'épargne salariale et de la rémunération différée, des problématiques de la retraite à celles de l'actionnariat, en passant par le développement du compte épargne-temps. Mais nous laisserons au lecteur désireux d'analyser en détail tous ces aspects le soin de se reporter sur ces thèmes à des sources plus exhaustives.

Même restreint, le sujet de l'intéressement et de la participation recèle suffisamment d'arcanes pour nécessiter un effort sérieux pour en maîtriser tous les aspects. Et ce d'autant plus que, loin d'être un sujet figé dont tous les éléments seraient définitivement arrêtés, il fait l'objet, au plan législatif et réglementaire des plus grandes attentions des pouvoirs publics.

Au cours des dernières années, de la « balladurette » aux mesures Sarkozy et aux dispositions Raffarin du début de l'année 2005, intéressement et participation ont été au cœur de mesures politiques de relance de la consommation. Plus récemment le ministre de l'Économie et des Finances a lancé un chantier de modernisation de ces mécanismes dont on trouvera les principaux impacts dans le cours de l'ouvrage. Mais ces aménagements fréquents doivent inviter le lecteur à suivre de près l'actualité sur ce thème. Vous trouverez à la fin de l'ouvrage les sites internet qui vous permettront de vous tenir informés des derniers développements.

Ayant ainsi cerné le territoire et les acteurs, le « jeu » peut commencer. Intéressement et participation jouant au même jeu… mais n'obéissant pas toujours aux mêmes règles, la partie s'annonce serrée. Qui sortira vainqueur du duel, qui désignera ce vainqueur, et d'ailleurs faut-il un vainqueur ? Les vainqueurs ne seront-ils pas – ensemble – l'entreprise et les salariés, servis par un habile maniement des armes pacifiques de l'intéressement et de la participation ? Alors, duel ou duo ?

© Éditions d'Organisation

Introduction

L'intéressement et la participation au cœur de la rétribution

Avant d'entrer dans le détail des mécanismes de l'intéressement et de la participation, il n'est pas inutile de rappeler le cadre dans lequel ils s'inscrivent. On peut en effet, malgré la complexité des systèmes de rétribution sur les plans juridiques et réglementaires, classer par commodité la diversité des modes de rétribution en deux catégories :

- les revenus directs et les avantages ;
- les revenus différés.

Revenus directs et avantages	Revenus différés
Salaires bruts	Retraites du régime général
Heures supplémentaires	Retraites complément (ARRCO - AGIRC)
Congés payés	Retraites supplémentaires (articles 39, 82-83)
Primes	Intéressement placé dans plan d'épargne (PEE, PEI, PERCO)
Indemnités de transport	Participation
Tickets restaurants	Compte épargne-temps
Mutuelle	Abondement de l'entreprise
Autres avantages	Stock-options
Intéressement perçu	Assurances
	Médailles du travail

© Éditions d'Organisation

L'impact de l'intéressement et de la participation sur la rémunération globale peut être résumé de la façon suivante. Pour une même somme de 2 000 euros consacrée à cette rétribution :

- sous forme de **salaire,** elle supportera les charges sociales (patronales et salariales) ce qui revient pour le salarié à percevoir 46 % de cette somme ;
- sous forme d'**intéressement,** cette somme ne supporte pas de charges sociales (hors CSG et CRDS) ce qui revient pour le salarié à percevoir 92 % de cette somme ;
- sous forme de **participation,** cette somme ne supporte pas également de charges sociales (hors CSG et CRDS) mais les 92 % qui reviennent au salarié étant obligatoirement bloqués pendant cinq ans bénéficient d'une **valorisation supplémentaire.**

QUELQUES PRÉCISIONS

Salaires bruts

Dans le cadre d'un contrat de travail, ce sont les sommes versées par un employeur en contrepartie d'un travail. La détermination des salaires dans l'entreprise obéit à trois séries de règles suivant le niveau auquel on se place :

- la loi distingue le salaire proprement dit d'une part, et les primes, avantages en nature, remboursements… d'autre part. Cette distinction est importante car elle a des conséquences tant du point de vue fiscal (impôt sur le revenu) que du point de vue de la réglementation de la Sécurité sociale : charges sociales, contribution sociale généralisée (CSG), contribution pour le remboursement de la dette sociale (CRDS)… En ce qui concerne le niveau des rémunérations, le législateur fixe le niveau du salaire minimum (SMIC) mais reconnaît, au-delà de cette limite, le principe de la libre discussion des salaires ;
- la convention collective signée entre les partenaires sociaux dans un secteur d'activité sert de cadre général aux négociations collec-

© Éditions d'Organisation

tives de ce secteur. En effet, chaque année les partenaires sociaux sont tenus de renégocier les salaires minimaux hiérarchiques de la profession ; si ces minima sont inférieurs au SMIC, ils seront réajustés sur ce dernier. Pour calculer le salaire minimum, il faut inclure toutes les sommes versées en contrepartie du travail, mais pas les primes aléatoires ou les primes d'ancienneté ;

- les accords signés entre les partenaires sociaux de l'entreprise dans le cadre des négociations annuelles sur les salaires que l'entreprise est tenue d'engager chaque année. Elles concernent les salaires bruts par catégorie, excluant les mesures individuelles en matière de rémunération. Dans cette limite la négociation est totalement libre à la seule condition que son résultat soit au moins aussi avantageux pour les salariés que l'application de l'accord de la branche professionnelle.

Les régimes obligatoires de retraite

Ces régimes, ceux de la Sécurité sociale et les retraites complémentaires obligatoires, fonctionnent selon le principe dit de la « répartition », par opposition à certaines autres retraites supplémentaires et facultatives qui sont gérées en « capitalisation ».

En effet, dans les régimes obligatoires de retraite il n'y a pratiquement pas de réserves au niveau des caisses de retraite et les cotisations versées par les actifs sont immédiatement « réparties » entre les bénéficiaires, c'est-à-dire les retraités.

Les régimes obligatoires de retraites par répartition sont le fondement des régimes de retraites français et sont l'expression d'un principe de solidarité entre les générations. Il s'agit d'un principe fondamental, élément de sécurité et de cohésion sociale, auquel la société française est particulièrement attachée à juste titre.

Ce système permet d'être en rapport avec les revenus de la vie active mais il comprend aussi une part de redistribution sociale en accordant, par exemple, des droits pour des périodes d'inactivité, ou des

© Éditions d'Organisation

charges de famille, ouvrant ainsi la possibilité de corriger un certain nombre de situations particulières et d'aléas de carrière.

La retraite de base de la Sécurité sociale

Tous les salariés du secteur privé cotisent au régime général de la Sécurité sociale, quelle que soit la nature de leur contrat de travail et du statut juridique de leur employeur. La liquidation de la retraite ne peut être en principe obtenue avant l'âge de soixante ans. Pour le calcul de la retraite, on retient les salaires provenant de l'activité et la durée totale de cotisations.

La retraite complémentaire en tranche A

Le principe est totalement différent de celui de la retraite de la Sécurité sociale.

Il s'agit du nombre de points accumulés tout au long de la carrière multipliés par la valeur d'un point et éventuellement affectés de coefficients de réduction pour carrières incomplètes (c'est-à-dire en cas départ en retraite avant d'avoir 160 trimestres de cotisations).

Ces régimes sont administrés par des caisses de retraite complémentaire diverses, souvent d'origine professionnelle, mais appliquant maintenant des règles communes et regroupées dans une institution centrale dénommée l'ARRCO (Association pour le Régime de Retraite Complémentaire des salariés).

La retraite complémentaire en tranches B ou C

Le principe est identique à celui de la retraite complémentaire en tranche A. Il s'agit d'un nombre de points accumulés tout au long de la carrière multipliés par la valeur d'un point et éventuellement affectés de coefficients de réduction pour carrières incomplètes.

Ces régimes sont administrés par des caisses de retraite complémentaire regroupées dans une institution centrale dénommée AGIRC (Association Générale des Institutions de Retraite des Cadres), pour les Cadres, et AM, et ARRCO pour les ouvriers-employés.

© Éditions d'Organisation

Les retraites supplémentaires

Depuis de nombreuses années il est possible de mettre en place des régimes supplémentaires de retraite venant compléter les régimes obligatoires de la Sécurité sociale et les régimes complémentaires en tranche A, B et/ou C.

Ces régimes sont fréquemment aussi appelés « retraite par capitalisation » par opposition à la « retraite par répartition ».

Dans les régimes supplémentaires, les cotisations versées sont inscrites au compte de chaque participant dans les livres de l'assureur et produisent des intérêts ou dividendes qui sont « capitalisés » avec les cotisations au fur et à mesure des années.

On distingue deux grandes catégories de régimes supplémentaires :

1. Les régimes dits « à prestations définies »

Dans ce type de régime, l'employeur garantit au futur retraité un montant prédéterminé de retraite. L'on utilise aussi parfois les termes de « retraite chapeau » puisque ces retraites viennent se superposer à celles des régimes obligatoires.

Le coût futur pour l'employeur n'est pas connu puisqu'il dépendra du dernier salaire et du montant futur des retraites obligatoires, et de la présence ou non des salariés dans l'entreprise au moment de la retraite. Les primes correspondantes sont à la charge exclusive de l'employeur. Mais, précisément, ces primes ne sont pas des cotisations. En effet, ces régimes ne bénéficient qu'aux salariés qui seront à l'effectif au moment de la retraite, c'est-à-dire qui ne seront ni partis (quel qu'en soit le motif) ni décédés.

2. Les régimes « à cotisations définies »

Ici, seule est connue la cotisation versée, le montant de la retraite future dépendant des performances du placement fait par l'assureur en fonction des orientations décidées par le client.

© Éditions d'Organisation

Les cotisations et leurs produits financiers capitalisés, restent acquis au salarié en cas de départ de l'entreprise, et ils peuvent être versés aux bénéficiaires désignés sur le bulletin d'adhésion en cas de décès prématuré du salarié.

QUELQUES AUTRES DÉFINITIONS UTILES POUR COMPRENDRE LA SUITE

L'abondement

Dans les plans d'épargne d'entreprise, l'abondement est un versement complémentaire de l'entreprise qui s'ajoute aux versements des salariés. Cet abondement est exonéré de l'impôt sur les sociétés, de la taxe sur les salaires et des charges sociales. Il supporte néanmoins la CSG, la CRDS et un prélèvement social.

La modulation de l'abondement est fixée par l'entreprise mais son montant maximum est fixé par la loi. Pour les salariés, l'abondement de l'entreprise est exonéré de l'impôt sur le revenu.

Le compte épargne-temps (CET)

Le principe du CET est de permettre aux salariés d'accumuler des jours de congés rémunérés ou une épargne en argent. Il est mis en place par convention ou accord collectif et le salarié peut l'utiliser soit pour percevoir une rémunération pendant des périodes d'inactivité, soit pour bénéficier d'une rémunération immédiate ou différée. Des dispositions spécifiques sont prévues en cas de rupture du contrat de travail.

L'intéressement

C'est la première forme d'association des salariés aux résultats de leur entreprise, réglementée par une ordonnance de 1959. Les principales caractéristiques de l'intéressement sont les suivantes :

- le régime est facultatif ;

© Éditions d'Organisation

- les contrats d'intéressement sont conclus pour trois ans et concernent l'ensemble du personnel ;
- le montant de l'intéressement doit avoir un caractère variable et aléatoire découlant d'une formule de calcul liée aux résultats ou aux performances de l'entreprise ;
- sa distribution est immédiatement disponible pour les salariés.

La participation

Instituée en 1967 et renforcée par la loi du 7 novembre 1990, la participation des salariés aux fruits de l'expansion des entreprises est un droit des salariés dans les entreprises occupant plus de 50 salariés. La participation est calculée selon la formule suivante :

$$1/2 \text{ (bénéfice net} - 5\ \%\text{ capitaux propres)} \times \frac{\text{salaires bruts}}{\text{valeur ajoutée}}$$

Les sommes ainsi dégagées sont bloquées – sauf cas particuliers – pendant 5 ans. Ces sommes sont placées soit en compte bloqué dans l'entreprise, soit dans des FCPE, soit en titres de sicav, soit par attribution d'actions de la société, gérées par des établissements financiers spécialisés, filiales de grandes banques.

La réserve spéciale de participation peut également être versée dans des plans d'épargne d'entreprise selon diverses combinaisons.

Le PERCO – Plan d'épargne pour la retraite collectif

Institué par la loi Fillon d'août 2003, c'est un système d'épargne salariale collectif permettant aux salariés de se constituer, avec l'aide de leur entreprise un portefeuille de valeurs mobilières, en vue de se procurer un complément de ressources au moment de la retraite.

Les versements sont facultatifs et sont complétés par un abondement plafonné à 4 600 euros par an et par salarié et ne pouvant

© Éditions d'Organisation

excéder trois fois le montant des versements du salarié. Le PERCO peut recevoir des sommes provenant de l'intéressement, de la participation ou d'un PEE.

Les sommes sont normalement bloquées jusqu'au départ en retraite sauf cinq cas de déblocage anticipé. L'abondement et les plus-values sont exonérés d'impôt mais subissent la CSG et la CRDS.

La sortie s'effectue en rente ou en capital selon des modalités fiscales différentes.

Le plan d'épargne d'entreprise (PEE)

C'est un dispositif qui propose aux salariés qui le souhaitent de se constituer avec l'aide de leur entreprise une épargne investie en valeurs mobilières. Il est facultatif. Il doit avoir un caractère collectif, ouvert à tous les salariés. Les versements des salariés peuvent être complétés par un abondement de l'entreprise.

Il existe à l'intention des entreprises petites et moyennes des plans d'épargne interentreprises (PEI) qui possèdent les mêmes caractéristiques générales que les PEE.

Les fonds communs de placement d'entreprise (FCPE)

C'est une copropriété de valeurs mobilières servant essentiellement à gérer les sommes versées au titre de l'épargne salariale. Ils sont régis par une loi du 22 décembre 1998. Les versements des salariés et l'abondement éventuel de l'entreprise sont convertis en parts de FCPE représentant une partie de la valeur des actifs du fonds au moment de sa création. Au fur et à mesure de la vie du FCPE, la valeur de la part évolue en fonction de la valeur des actifs du fonds.

Il existe des fonds individualisés réservés aux salariés d'une même entreprise et des fonds multi-entreprises ou interentreprises ouverts aux salariés de plusieurs entreprises.

© Éditions d'Organisation

Les sociétés d'investissement à capital variable (SICAV)

Comme les fonds communs de placement, les sicav gèrent un portefeuille de valeurs mobilières, mais la somme des fonds gérés est, en général, beaucoup plus importante.

Leur rémunération est variable suivant leur orientation (prudent, équilibré, audacieux).

Leur capital varie tous les jours en fonction du nombre d'épargnants qui souhaitent souscrire des parts ou les revendre.

© Éditions d'Organisation

Champs d'application

INTÉRESSEMENT	PARTICIPATION
NATURE ET TAILLE DE L'ENTREPRISE	
Toute entreprise de toute taille	Toute entreprise de plus de 50 salariés. Possible dans des entreprises de moins de 50 salariés
OBLIGATOIRE OU FACULTATIF	
Toujours facultatif	Obligatoire au-dessus de 50 salariés
INTERNE OU INTERENTREPRISES	
Toute entité juridiquement indépendante, mais possibilité dans des groupements d'entreprises, des coopératives, des GIE...	
DURÉE DES ACCORDS	
Trois ans incompressibles	Pour une durée déterminée ou indéterminée

© Éditions d'Organisation

NATURE ET TAILLE DE L'ENTREPRISE

Intéressement

L'intéressement des salariés peut être mis en œuvre dans toute entreprise, même dans les entreprises à salarié unique, dès lors que l'intéressement est calculé en fonction des performances de l'entreprise et non pas en fonction de celles de l'employé unique. L'objet et la forme juridique de l'entreprise sont indifférents pour la mise en place de l'intéressement. Il peut s'agir, par exemple, d'une société commerciale, d'une société civile ou encore d'un office ministériel ou d'une association.

Pour les entreprises d'un à cent salariés, les chefs d'entreprise – ou, s'il s'agit de personnes morales, de leurs présidents, directeurs généraux, gérants ou membres du directoire – ainsi que le conjoint du chef d'entreprise s'il a le statut de conjoint collaborateur ou de conjoint associé peuvent également en bénéficier. En revanche un tel accord ne peut être conclu dans une entreprise dont l'effectif est limité à un salarié si celui-ci a la qualité de président, directeur général, gérant ou membre du directoire.

Les entreprises ou groupes de sociétés désireux d'instituer un intéressement doivent satisfaire à leurs obligations en matière de représentation du personnel. La loi n'exige pas que des élections professionnelles aient effectivement abouti à la désignation de représentants du personnel. Il suffit que l'entreprise ait régulièrement organisé les élections, celles-ci pouvant aboutir à un procès-verbal de carence. De même, les entreprises dont l'effectif est inférieur aux seuils rendant obligatoire la mise en place d'une représentation du personnel peuvent également conclure un accord d'intéressement.

Participation

Toute entreprise employant habituellement au moins cinquante salariés, quelles que soient la nature de son activité et sa forme juridique, est tenue de garantir le droit de ses salariés à participer aux résultats de l'entreprise.

© Éditions d'Organisation

La participation concerne également les entreprises constituant une unité économique et sociale (UES) dont l'effectif atteint habituellement cinquante salariés. L'UES doit avoir été reconnue par décision de justice ou par accord collectif.

L'obligation concerne en premier lieu les entreprises de droit français établies en France métropolitaine ou dans les territoires d'outre-mer. Tous les salariés ont vocation à bénéficier de la participation, même s'ils exercent leur activité à l'étranger, dès lors qu'il existe entre eux et l'entreprise française un lien d'ordre juridique.

L'obligation de mettre en place la participation concerne également les entreprises créées en France par des sociétés étrangères, à raison des opérations qu'elles effectuent sur le territoire français.

Les entreprises dont l'effectif n'atteint pas cinquante salariés ne sont en principe pas assujetties au régime de la participation. Elles peuvent néanmoins décider de l'appliquer volontairement. Dans ce cas, elles doivent mettre en place la participation dans les mêmes conditions que les entreprises assujetties et bénéficient des mêmes avantages sociaux et fiscaux.

OBLIGATOIRE OU FACULTATIF

Intéressement

La mise en œuvre d'un dispositif d'intéressement est toujours facultative quelles que soient l'activité, la nature et la taille de l'entreprise considérée.

Participation

Elle est obligatoire dans les entreprises françaises occupant habituellement plus de cinquante personnes. Elle est facultative pour les entreprises dont l'effectif est inférieur à ce seuil. Elle ne concerne pas les entreprises à forme mutualiste, les organisations syndicales, les associations à but non lucratif, et plus généralement toutes les entreprises ne faisant pas de profits imposables.

© Éditions d'Organisation

La condition d'effectif est remplie lorsque l'entreprise a atteint 50 salariés pendant six mois consécutifs ou non au cours de l'exercice considéré.

Pour les entreprises saisonnières, le seuil de cinquante salariés doit avoir été atteint pendant la moitié de l'activité saisonnière.

INTERNE OU INTERENTREPRISES

Intéressement

Il peut naturellement être mis en œuvre au sein de toute entreprise, mais également au sein d'un groupe constitué par des entreprises juridiquement indépendantes ayant établi entre elles des liens financiers et économiques.

Ces liens doivent avoir une certaine importance et une certaine stabilité. Ainsi des coopérations régulières relatives à la conception ou la fabrication d'un produit ou la prestation d'un service ou d'un ensemble de services seront considérés comme des liens suffisants.

Les sociétés coopératives peuvent également mettre en place des accords d'intéressement, ainsi que les unions qu'elles constituent et les filiales qu'elles détiennent.

Un accord d'intéressement peut être mis en place dans une entreprise et éventuellement décliné en accords d'établissements.

Participation

Toute entreprise juridiquement indépendante et remplissant les conditions légales doit mettre en place un accord de participation.

Les entreprises juridiquement indépendantes mais ayant des liens économiques et financiers représentant une part importante de leurs activités peuvent conclure un accord de groupe. De même, les GIE (groupements d'intérêt économique) peuvent participer à un accord de groupe.

© Éditions d'Organisation

DURÉE DES ACCORDS

Intéressement

Un accord d'intéressement est conclu pour une durée incompressible de trois années. Si, pour des raisons particulières, un exercice a une durée inférieure ou supérieure à une année, on admet que la durée de l'accord correspond à la durée de trois exercices.

Participation

L'accord de participation peut être conclu, au choix des parties, pour une durée déterminée ou sans limitation de durée. Il peut également comporter une clause de tacite reconduction. Dans ce cas, si aucune des parties ne se manifeste à l'issue de la période de l'accord, celui-ci est reconduit dans les mêmes formes et pour la même durée.

Lorsqu'une société passe au-dessous du seuil légal de cinquante salariés, l'accord de participation devient caduc dès lors que le seuil d'effectif a été inférieur à cinquante salariés au moins six mois au cours de l'exercice considéré.

Intéressement et participation

Une société ayant un accord d'intéressement en vigueur au moment où son effectif atteint 50 salariés voit son obligation d'instaurer un accord de participation repoussée à la date d'expiration de son accord d'intéressement.

© Éditions d'Organisation

Modalités de mise en place

INTÉRESSEMENT	PARTICIPATION

MODALITÉS DE CONCLUSION

Quatre modalités possibles :
- Convention ou accord collectif de travail
- Accord conclu entre le chef d'entreprise et les représentants d'organisations syndicales représentatives
- Accord passé au sein du comité d'entreprise
- Ratification par le personnel

FORMALITÉS DE DÉPÔT

Intéressement	Participation
Dépôt à la DDTEFP dans les quinze jours suivant sa conclusion	Dépôt à la DDTEFP par l'entreprise signataire

MODALITÉS DE DÉNONCIATION OU DE MODIFICATION

Intéressement	Participation
Dénonciation possible par l'ensemble des signataires sous certaines conditions	Dénonciation possible uniquement en cas de diminution du seuil d'effectif

© Éditions d'Organisation

MODALITÉS DE CONCLUSION

Intéressement

L'accord d'intéressement doit être conclu selon l'une des quatre modalités suivantes :

- dans le cadre d'une convention ou d'un accord collectif de travail ;
- entre le chef d'entreprise et les représentants d'organisations syndicales représentatives ;
- au sein du comité d'entreprise ;
- à la suite de la ratification à la majorité des 2/3 du personnel.

Quel que soit le mode de conclusion, le projet d'accord doit être soumis pour avis au comité d'entreprise au moins quinze jours avant son éventuelle signature.

Participation

L'accord de participation doit être conclu selon l'une des quatre modalités suivantes :

- dans le cadre d'une convention ou d'un accord collectif de travail ;
- entre le chef d'entreprise et les représentants d'organisations syndicales représentatives ;
- au sein du comité d'entreprise ;
- à la suite de la ratification à la majorité des 2/3 du personnel.

Quel que soit le mode de conclusion, le comité d'entreprise doit être consulté sur le projet d'accord au titre de ses attributions générales sur les modes de rémunération.

Intéressement et participation

Convention ou accord collectif de travail

Il s'agit d'un accord conclu entre l'employeur et une ou plusieurs organisations syndicales représentatives non catégorielles représentées par leurs délégués syndicaux.

© Éditions d'Organisation

Il peut s'agir également d'accords de branche qui peuvent être conclus sous la forme d'un accord autonome. Il peut aussi être conclu sous forme d'avenant ou d'annexe aux conventions collectives applicables dans la branche et fixer, à titre obligatoire ou subsidiaire, le régime d'intéressement ou de participation des entreprises relevant du champ d'application de la convention ou de l'accord. L'application de l'accord dans l'entreprise peut alors résulter d'une décision unilatérale du chef d'entreprise ou de la volonté exprimée par les partenaires sociaux de l'entreprise. L'entrée en vigueur d'un accord de branche est subordonnée à l'accord majoritaire et au droit d'opposition des organisations syndicales représentatives institué par la loi du 4 mai 2004 relative au dialogue social.

Accord conclu entre le chef d'entreprise et les représentants d'organisations syndicales représentatives

Dans ce cas, l'accord est conclu par des personnes qui n'ont pas de mandat de délégué syndical, mais qui ont reçu un mandat spécifique d'une organisation syndicale représentative. La personne ayant reçu un tel mandat doit être salariée de l'entreprise.

Accord passé au sein du comité d'entreprise

L'accord doit être accepté par la majorité des membres titulaires du comité présents lors de la délibération.

Dans le cas d'entreprises comportant plusieurs établissements distincts, c'est le comité central d'entreprise qui doit conclure l'accord.

Dans le cas d'un groupe, le comité de groupe ne dispose pas du pouvoir de négocier et de signer des accords. Il appartient à chaque comité d'entreprise des entreprises constituant le groupe de conclure l'accord.

Dans tous les cas, le comité pourra mandater l'un de ses membres pour la signature de l'accord.

© Éditions d'Organisation

Ratification par le personnel

S'il existe dans l'entreprise une ou plusieurs organisations syndicales représentatives ou un comité d'entreprise, la ratification doit être demandée conjointement par le chef d'entreprise et l'une au moins de ces instances. Sinon, la ratification est proposée par le chef d'entreprise.

Pour qu'un accord soit adopté, il faut que les deux tiers du personnel se prononcent favorablement pour le projet proposé par le chef d'entreprise. Le calcul des deux tiers se fait par référence à l'ensemble du personnel au moment de la ratification, et non pas seulement des salariés présents à ce moment.

Sur le plan formel, la ratification peut être constatée par un procès-verbal établi dans les formes légales ou par la signature directe de l'accord par les salariés de l'entreprise sur une liste d'émargement présentant la liste exhaustive des membres du personnel (pour pouvoir vérifier la proportion des deux tiers).

FORMALITÉS DE DÉPÔT

Intéressement

L'accord d'intéressement doit être déposé à la DDTEFP, à l'initiative de la partie la plus diligente, au plus tard dans les quinze jours suivant leur conclusion. Le dépôt est préalable à toute opération relative à l'application de l'accord :

- aucun versement ne peut être effectué avant cette date ;
- le droit à exonérations est subordonné au dépôt.

Lorsque l'accord a été déposé hors délai, il produit ses effets entre les parties, mais n'ouvre droit aux avantages et exonérations que pour les périodes de calcul postérieures au dépôt.

La comptabilisation du délai de dépôt de quinze jours se fait en jours calendaires, majorés jusqu'au jour ouvrable suivant le dernier jour calculé si celui-ci tombe un samedi, dimanche ou jour férié.

© Éditions d'Organisation

Participation

L'accord de participation doit être déposé à la DDTEFP par l'entreprise signataire. Cette obligation vaut pour les avenants qui seraient signés ultérieurement et modifieraient les accords en cours de validité, pour le renouvellement des accords ou pour leur dénonciation.

L'absence de dépôt ne supprime pas l'effet des accords entre les parties. L'entreprise a donc tout intérêt à déposer l'accord au plus tôt pour bénéficier (pour elle et pour les salariés) des avantages et exonérations liés à son application

Intéressement et participation

L'accord doit être déposé en cinq exemplaires (par prudence par LCR) à la DDTEFP du lieu où il a été conclu. Il doit être accompagné des documents suivants :

- si l'accord a été conclu entre le chef d'entreprise et les représentants d'organisations syndicales la mention que ces représentants ont la qualité de représentants syndicaux ou, à défaut, le texte du mandat les habilitant à signer l'accord ;
- si l'accord a été conclu entre le chef d'entreprise et le comité d'entreprise statuant à la majorité de ses membres titulaires, le procès-verbal de la séance au cours de laquelle le comité a adopté cet accord ;
- si l'accord résulte de la ratification par les deux tiers du personnel du projet proposé par le chef d'entreprise, soit l'émargement, sur la liste nominative de l'ensemble du personnel, des salariés signataires avec la distinction favorable/défavorable à l'accord, soit un procès-verbal rendant compte de la consultation du personnel.

Le rôle de la DDTEFP

Le rôle de la Direction départementale du Travail, de l'Emploi et de la Formation professionnelle comporte trois volets :

- Une mission d'information, de conseil et d'aide à la négociation.

© Éditions d'Organisation

Les DDTEFP s'assurent en particulier dans les entreprises d'au moins 50 salariés que l'employeur engage bien chaque année une négociation avec les organisations syndicales représentatives sur la mise en place d'un ou plusieurs dispositifs.
Cette obligation est désormais étendue aux entreprises de plus de 10 salariés disposant d'un délégué du personnel et où aucun accord d'intéressement ou de participation n'a été instauré.

- Une mission de contrôle de la forme des accords d'intéressement et de participation. La DDTEFP doit s'assurer du respect de l'obligation du dépôt des accords notamment en matière de délai pour les accords d'intéressement. Cette obligation est constatée par la délivrance d'un récépissé de dépôt qui ne préjuge pas de la validité du fond de l'accord.
- Une mission de contrôle sur le fond des accords et des règlements. Dans toute la mesure du possible, ce contrôle se fait en coordination entre la DDTEFP, l'Urssaf et les services fiscaux afin d'apporter une réponse homogène aux partenaires sociaux en cas de clause litigieuse.

En ce qui concerne plus particulièrement les accords d'intéressement, l'administration dispose d'un délai de quatre mois pour faire part de sa position. Au-delà de ce délai, l'accord peut produire ses effets notamment en matière d'exonération de charges fiscales et sociales.

En cas de contrôle en entreprise, l'Urssaf peut contester la validité ou les modalités d'application des accords pour les exercices écoulés et en remettre en cause les effets.

MODALITÉS DE DÉNONCIATION OU DE MODIFICATION

Intéressement

L'accord d'intéressement ne peut être dénoncé ou modifié que par l'ensemble des signataires et dans les mêmes formes que sa conclusion. Ainsi la dénonciation unilatérale est en principe interdite. Toutefois elle est possible, à l'initiative de l'une des parties, en vue de la renégociation d'un nouvel accord si l'accord initial n'était pas conforme aux dispositions législatives ou réglementaires.

© Éditions d'Organisation

La dénonciation, pour être valable, doit respecter les mêmes conditions de délai et de dépôt que l'accord lui-même.

En ce qui concerne les clauses de dénonciation prévues par l'accord, elles ne peuvent avoir pour effet de porter atteinte au caractère aléatoire de l'intéressement, ni avoir d'autres causes que des cas de force majeure indépendants des pouvoirs des parties. Il peut en aller ainsi dans le cas d'une fusion, scission ou cession de l'entreprise rendant impossible l'application de l'accord actuel. Dans ce cas, une négociation dans le cadre de la nouvelle entité doit s'engager dans les six mois à compter de la remise en cause de l'accord devenu inapplicable.

Participation

La suspension de plein droit de l'application de l'accord n'est admise que dans le cas d'un accord à durée indéterminée et pour le seul motif d'une diminution du seuil d'effectif. Encore faut-il que l'accord ait prévu expressément que dans ce cas il y ait effectivement suspension et non poursuite de l'accord à titre volontaire.

Intéressement et participation

La dénonciation doit être notifiée à la DDTEFP dans un délai de quinze jours.

© Éditions d'Organisation

Contenu des accords

INTÉRESSEMENT	PARTICIPATION
PRÉAMBULE	
Motifs de la mise en place	Caractéristiques de l'accord
DURÉE DE L'ACCORD	
Trois ans incompressibles	Pour une durée déterminée ou indéterminée
BÉNÉFICIAIRES DE L'ACCORD	
Tous les salariés de l'entreprise avec éventuellement une condition d'ancienneté de trois mois	
BASES DU CALCUL	
Choix d'indicateurs présentant un caractère aléatoire	Formule légale ou formule dérogatoire plus avantageuse pour les salariés
MODALITÉS DE CALCUL	
Diversifiées	Réglementées

© Éditions d'Organisation

INTÉRESSEMENT	PARTICIPATION
PLAFONDS	
Collectif	
20 % du total des salaires bruts	Diversifiés selon les éléments de la formule de calcul
Individuel	
La moitié du plafond annuel de la Sécurité sociale	Les 3/4 du plafond annuel de la Sécurité sociale
CRITÈRES DE RÉPARTITION	
Diversifiés	Diversifiés
INFORMATION DU PERSONNEL	
Collective et individuelle au moment de la conclusion des accords et au moins une fois par an	
SUIVI D'APPLICATION DE L'ACCORD	
Information régulière des représentants du personnel et des salariés	
MODIFICATIONS ET LITIGES	
Modifications possibles en cas d'événements majeurs	Suspension en cas de diminution d'effectif en dessous du seuil légal

© Éditions d'Organisation

PRÉAMBULE

Intéressement

Il doit indiquer les motifs de la mise en place de l'accord ainsi que les raisons du choix du calcul de l'intéressement et de sa répartition. Il doit bien faire apparaître qu'il n'est ni un élément de salaire ni un système indépendant de l'évolution des performances de l'entreprise.

Il faut veiller en particulier, dans le cadre de négociations sociales, à ne faire aucune relation entre les négociations salariales et la mise en place d'un accord d'intéressement qui pourrait être interprété comme un élément de substitution (📖 *Voir modèle d'accord p. 93 et suivantes*).

Participation

Il doit indiquer les caractéristiques de l'accord en fonction des spécificités autorisées dans le cadre de la loi, la nature et la qualité des signataires, et l'ensemble des conditions de la négociation (📖 *Voir modèle d'accord p. 102 et suivantes*).

DURÉE DE L'ACCORD

Intéressement

L'accord doit préciser la période pour laquelle il est conclu, ainsi que sa ou ses dates de conclusion et d'effet et sa durée d'exécution. Rappelons que l'accord est obligatoirement conclu pour une durée de trois ans.

Participation

L'accord doit préciser s'il s'agit d'un accord à durée indéterminée ou à durée déterminée. Dans ce cas, il doit prévoir un mécanisme de renouvellement par tacite reconduction, pour la même durée et dans les mêmes conditions.

© Éditions d'Organisation

BÉNÉFICIAIRES DE L'ACCORD

Intéressement

L'intéressement peut bénéficier aux salariés et, dans les entreprises de moins de 100 salariés, aux chefs d'entreprise et principaux responsables – présidents, directeurs généraux, gérants ou membres du directoire – s'il s'agit de personnes morales, ainsi qu'au conjoint collaborateur ou conjoint associé. Ainsi, les mandataires sociaux peuvent bénéficier de l'intéressement s'ils cumulent leur mandat avec un statut de salarié. L'intéressement doit pouvoir bénéficier **à tous** les salariés, car il doit avoir par nature un caractère collectif. Cette obligation est à rapprocher du périmètre de l'accord, qui peut ne s'appliquer par exemple que dans certains établissements de l'entreprise. Ainsi on peut imaginer que tous les salariés d'une entreprise ne soient pas bénéficiaires de l'accord si celui-ci ne s'applique qu'à certains établissements. Mais tous les salariés de ces établissements doivent pouvoir être bénéficiaires de l'accord.

Toute clause qui conduirait à exclure un salarié ou une catégorie de salariés du bénéfice de l'accord[1] entraînerait la nullité de l'accord et conduirait à requalifier les sommes en jeu en salaires supportant les cotisations sociales.

Participation

Tous les salariés de l'entreprise doivent pouvoir bénéficier des avantages de l'accord de participation. Il en va ainsi par exemple des apprentis, bien qu'ils n'entrent pas en compte dans l'effectif d'assujettissement.

Par déduction, les mandataires sociaux non salariés de l'entreprise sont exclus des bénéficiaires de l'accord de participation.

1. Par exemple : faute grave, absences, exigences de performances individuelles, etc.

© Éditions d'Organisation

Intéressement et participation

L'accord peut prévoir que les salariés bénéficiaires doivent avoir une durée minimum d'ancienneté dans l'entreprise qui ne peut excéder trois mois.

La notion d'ancienneté s'entend de l'appartenance juridique à l'entreprise sans que puissent être déduites les périodes de suspension du contrat de travail, ce qui évite de confondre ancienneté et présence dans l'entreprise. Ainsi un salarié embauché au 1er juillet et dont le contrat aura été suspendu – mais non rompu – le quinze septembre pourra bénéficier de l'intéressement et de la participation calculés sur l'année civile.

De plus, la durée d'appartenance juridique à l'entreprise doit tenir compte de l'ancienneté acquise au cours de la période de calcul et des douze mois qui la précèdent, tous types de contrats de travail confondus.

BASES DU CALCUL

Intéressement

L'accord doit présenter un caractère aléatoire lié aux résultats ou aux performances de l'entreprise ou de l'entité concernée. De ce fait les critères sur lesquels se fonde l'évaluation doivent à la fois refléter ce caractère aléatoire et être objectivement mesurables. La formule doit donc faire référence à des données vérifiables et quantifiables, de nature comptable, financière ou technique, et être en rapport avec les variations de l'activité économique de l'entreprise, de manière à refléter la contribution des salariés à son développement.

À titre d'exemple : un intéressement calculé sur un montant de chiffre d'affaires sera proscrit, car il garantirait un versement quelle que soit la performance de l'entreprise, alors que le calcul sur l'accroissement du chiffre d'affaires sera admis, car reflétant une amélioration de la performance de l'entreprise et constatant son caractère aléatoire.

© Éditions d'Organisation

Sous ces conditions, une grande liberté de choix des indicateurs pertinents est laissée aux négociateurs.

Quelques critères retenus dans les accords d'intéressement

Résultats économiques

- accroissement du chiffre d'affaires ;
- accroissement de la valeur ajoutée ;
- évolution de l'excédent brut d'exploitation (EBE ou EBIT) ;
- résultat d'exploitation ;
- résultat courant avant impôts ;
- résultat net (comptable ou fiscal).

Rentabilité

- progression de la rentabilité économique (résultat courant/chiffre d'affaires) ;
- progression de la rentabilité financière (bénéfice net/ chiffre d'affaires) ;
- progression de la rentabilité commerciale (résultat commercial/ chiffre d'affaires) ;
- progression de la capacité d'autofinancement.

Activité

- qualité ;
- indice de conformité ;
- taux de rebuts ;
- réduction des déchets ;
- satisfaction du client ;
- taux de service ;
- baisse du nombre de réclamations ;
- taux de retours ou de refus ;
- délais de traitement des commandes ;
- productivité ;
- progression des volumes produits ;
- réduction des temps par unité produite ou dossier traité ;
- diminution des coûts de production par unité produite ;
- respect du plan de production.

© Éditions d'Organisation

Gestion

- diminution des frais généraux ;
- taux de rotation des stocks ;
- amélioration du BFR (besoin en fonds de roulement).

Conditions de travail

- diminution du nombre d'accidents du travail ;
- diminution du taux d'absentéisme ;
- réduction du temps de travail ;
- tenue des entretiens annuels ;
- temps de formation.

Environnement

- diminution des effluents ;
- respect des normes ISO.

(📖 *Voir en annexe « le hit-parade des critères », p. 114).*

Participation

Le montant de la réserve spéciale de participation de « droit commun » doit être déterminé par application de la formule de calcul suivante :

$$1/2\ (\text{bénéfice net} - 5\ \%\ \text{capitaux propres}) \times \frac{\text{salaires bruts}}{\text{valeur ajoutée}}$$

Bénéfice net de l'entreprise : bénéfice réalisé en France et les départements d'outre-mer tel qu'il est retenu pour être imposé au taux de droit commun de l'impôt sur les sociétés, diminué de l'impôt correspondant et éventuellement augmenté du montant de la provision pour investissement.

Le montant du bénéfice net est attesté par l'inspecteur des impôts ou par le commissaire aux comptes de la société.

Les capitaux propres de l'entreprise comprennent le capital social, les primes liées au capital social, les réserves, le report à nouveau, les pro-

© Éditions d'Organisation

visions ayant supporté l'impôt ainsi que les provisions réglementées constituées en franchise d'impôts par application d'une disposition particulière du Code général des impôts ; leur montant est retenu d'après les valeurs figurant au bilan de clôture de l'exercice au titre duquel la Réserve Spéciale de Participation est calculée.

Toutefois en cas d'augmentation du capital en cours d'exercice, le montant du capital et des primes liées au capital social est pris en compte *prorata temporis*.

Leur montant est attesté par l'Inspecteur des impôts ou le Commissaire aux comptes de la société.

Les salaires bruts sont ceux versés au cours de l'exercice au titre duquel la participation est provisionnée, et déterminés selon le calcul des rémunérations au sens de l'article L. 242-1 du code de la Sécurité sociale.

La valeur ajoutée de l'entreprise est déterminée en faisant le total des postes du compte de résultats énumérés ci-après :

- charges de personnel ;
- impôts, taxes et versements assimilés, à l'exclusion des taxes sur le chiffre d'affaires ;
- charges financières ;
- dotations de l'exercice aux amortissements ;
- dotations de l'exercice aux provisions, à l'exclusion des dotations figurant dans les charges exceptionnelles ;
- résultat courant avant impôt.

Lorsqu'aucun accord n'a pu être signé, ces règles de calcul s'appliquent de plein droit.

Par dérogation, l'accord peut prévoir une formule différente de la formule légale ci-dessus sous trois conditions :

1. Équivalence des avantages accordés aux salariés. La formule de droit commun de la participation constituant un minimum légal, toute formule dérogatoire doit procurer aux salariés des

© Éditions d'Organisation

droits aux moins égaux. L'équivalence des avantages doit être vérifiée pour chaque exercice d'application de l'accord et de façon globale, c'est-à-dire pour l'ensemble des salariés concernés par la participation. Elle doit être en outre automatiquement garantie par l'accord. Pour ce faire, l'accord peut prévoir une clause selon laquelle, si le calcul par la formule dérogatoire se révélait défavorable aux salariés, on prendrait pour base de calcul la formule légale, à titre dérogatoire...

2. Respect des principes généraux de la participation. Les régimes dérogatoires doivent être obligatoirement conformes aux trois principes fondateurs de la participation, à savoir un caractère à la fois collectif, aléatoire et proportionnel aux résultats dégagés par l'entreprise.
3. Respect des plafonds légaux. À noter qu'en cas de formule dérogatoire, l'entreprise peut constituer en franchise d'impôt une provision pour investissement (PPI) égale à 50 % de la différence entre la RSP ainsi calculée et la RSP calculée selon la formule légale de calcul.

MODALITÉS DE CALCUL

Intéressement

Différentes méthodes peuvent être utilisées pour calculer le montant de l'intéressement à partir des critères retenus. D'une manière générale, les entreprises optent pour des formules de calcul relativement simples, mais certaines utilisent des formules composites et, partant, plus difficiles à appréhender et à expliquer aux salariés. Parmi les modalités de calcul, on retiendra :

Le calcul en taux

Supposons que le critère retenu pour le calcul de l'intéressement soit le résultat opérationnel. L'intéressement sera calculé en pourcentage du montant du résultat.

Le résultat opérationnel (RO) sera calculé en pourcentage du chiffre d'affaires hors taxes (CA), et on établira un barème du type :

© Éditions d'Organisation

- si RO/CA est inférieur à 4 % : intéressement = 0 % ;
- si RO/CA est compris entre 4 % et 6 % : intéressement = 5 % de RO ;
- si RO/CA est compris entre 6 % et 8 % : intéressement = 10 % de RO ;
- si RO/CA est compris entre 8 % et 10 % : intéressement = 15 % de RO ;
- si RO/CA est supérieur à 10 % : intéressement = 20 % de RO.

Le calcul en tranches

L'intéressement sera calculé en tranches du montant du résultat. Supposons que le critère retenu pour le calcul de l'intéressement soit le résultat opérationnel, le résultat opérationnel (RO) sera calculé en valeur absolue et on aura le barème suivant :

- si RO est inférieur à 50 000 euros : intéressement = 0 % ;
- si RO est compris entre 50 000 euros et 75 000 euros : intéressement = 5 % de RO ;
- si RO est compris entre 75 000 euros et 100 000 euros : intéressement = 10 % de RO ;
- si RO est compris entre 100 000 et 125 000 euros : intéressement = 15 % de RO ;
- si RO est supérieur à 125 000 euros : intéressement = 20 % de RO.

Le calcul en points

L'intéressement sera calculé en points de la masse salariale (MS) de référence (1 point = 1 %).

Supposons que le critère retenu pour le calcul de l'intéressement soit le résultat opérationnel, le résultat opérationnel (RO) sera calculé en valeur absolue et on aura le barème suivant :

- si RO est inférieur à 50 000 euros : intéressement = 0 ;
- si RO est compris entre 50 000 euros et 75 000 euros : intéressement = 1 % de MS ;

© Éditions d'Organisation

- si RO est compris entre 75 000 euros et 100 000 euros : intéressement = 2 % de MS ;
- si RO est compris entre 100 000 et 125 000 euros : intéressement = 3 % de MS ;
- si RO est supérieur à 125 000 euros : intéressement = 4 % de MS.

Le calcul en volume

L'intéressement sera calculé en unités physiques (nombre de pièces produites, diminution du nombre de retours, du nombre de réclamations, de rebuts, etc.).

Supposons que le critère retenu pour le calcul de l'intéressement soit le nombre de retours clients, on partira du constat de l'année N-1 (ou de la moyenne des trois dernières années), soit 200 retours clients (RC) pour une production de 10 000.

L'intéressement sera représenté par des points de masse salariale (MS) comme par exemple :

- si RC est supérieur à 175 : intéressement = 0 ;
- si RC est compris entre 175 et 150 : intéressement = 1 point de MS ;
- si RC est compris entre 150 euros et 125 : intéressement = 2 points de MS ;
- si RC est compris entre 125 et 100 : intéressement = 3 points de MS ;
- si RC est inférieur à 100 : intéressement = 4 points de MS.

Ce mode de calcul recèle naturellement des risques à terme, puisqu'il est fondé sur l'espérance de la réduction, et au mieux de la suppression de l'importance du critère dans l'activité de l'entreprise. On peut donc craindre une démotivation progressive au fil du temps. Pour contrer cet effet, on prendra soin d'envisager dans le cadre de l'accord la possibilité de négocier des avenants en cours d'application de l'accord, et à tout le moins au cours de la renégociation triennale.

© Éditions d'Organisation

Le calcul en objectifs

L'intéressement sera calculé à partir des objectifs assignés dans l'entreprise dans les différents domaines (production, commercial, marge, qualité, sécurité...). On partira de l'objectif fixé pour chacune des trois années couvrant la durée de l'accord et on modulera le niveau de l'intéressement par rapport à cette référence.

Exemple : on fixe un objectif de croissance de l'activité de 10 % par an sur la base d'un chiffre d'affaire de 10 millions d'euros dans l'année N.

Soit un objectif de 1 100 K euros pour N + 1, 1 210 K euros pour N + 2 et 1 330 K euros pour N + 3. L'intéressement sera représenté par des points de masse salariale (MS) en fonction d'un seuil de déclenchement précalculé comme par exemple :

Seuil de déclenchement (en K euros)	Année N +1	Année N +2	Année N +3
1 000 000	0	0	0
1 055 000	1	0	0
1 110 000	2	0	0
1 165 000	3	1	0
1 220 000	4	2	0
1 275 000	4	3	1
1 330 000	4	4	2
1 385 000	4	4	3
1 450 000	4	4	4

(En points de masse salariale)

© Éditions d'Organisation

Le calcul en cumul (intéressement + participation)

Les accords d'intéressement peuvent prévoir des modalités de couplage de l'intéressement avec la participation. Il en va ainsi par exemple lorsque le cumul des sommes de l'intéressement et de la participation risque de mettre en péril l'équilibre financier de l'entreprise et ses perspectives de développement, ou encore lorsqu'elle souhaite centrer l'accord d'intéressement sur des critères différents de ceux qui sont retenus dans la formule de la participation. L'intéressement peut alors être calculé sur un résultat économique de l'entreprise, déduction faite du montant de la réserve spéciale de participation.

Cette formule permet de centrer les critères de l'intéressement sur des éléments plus opérationnels et plus proches de la vie quotidienne des salariés, renforçant ainsi le lien entre les efforts qu'ils concentrent sur ces critères et les impacts financiers qui en résultent.

Rappelons que si une entreprise de moins de 50 personnes négocie un accord d'intéressement alors que ses perspectives de croissance peuvent lui faire atteindre le seuil d'effectif dans un délai inférieur aux trois ans de durée de vie de l'accord, l'obligation de mettre en place un accord de participation est repoussée à la date d'expiration de l'accord d'intéressement.

Les modalités de calcul n'ont pas nécessairement une périodicité annuelle. Il est en effet possible de faire les calculs d'intéressement sur un rythme trimestriel ou semestriel, pour suivre de façon plus précise l'évolution des performances en fonction des critères retenus. L'intéressement devient alors un élément de tableau de bord de la performance collective et un instrument de motivation et de pilotage de communication interne.

Cette possibilité ne remet pas bien sûr en cause la durée triennale de l'accord, ce qui interdit par exemple de mettre en place un accord d'intéressement de « chantier » ou de « projet » qui ne correspondrait pas à cette durée. De plus le calcul doit être fait sur un nombre entier de mois.

© Éditions d'Organisation

Participation

Le montant du bénéfice net et celui des capitaux propres sont établis par une attestation de l'inspecteur des impôts ou du commissaire aux comptes.

En cas de redressement fiscal des comptes de l'entreprise concernée, le montant de la RSP doit être modifié en conséquence. Si le redressement fiscal a pour effet d'augmenter le montant de la RSP, le supplément de participation est majoré d'un intérêt. Toutefois, l'impact du redressement n'aura pas d'effet sur les droits des salariés afférents à l'année concernée par le redressement. L'impact du redressement sera imputé à l'année où le redressement sera devenu définitif et modifiera donc la RSP de cette année-là *(🕮 Voir exemple de calcul de la participation p. 118 et suivantes).*

PLAFONDS

Intéressement

Plafond collectif

Quels que soient les critères retenus et les modalités de calcul de la prime d'intéressement, le montant global de l'intéressement servi aux bénéficiaires au titre d'un exercice ne saurait excéder 20 % du total des salaires bruts augmentés, le cas échéant, de la rémunération annuelle ou du revenu professionnel des chefs d'entreprise, mandataires sociaux, conjoints collaborateurs et conjoints associés imposés à l'impôt sur le revenu au titre de l'année précédente.

Pour l'appréciation de ce seuil, il convient de se référer aux salaires bruts versés à l'ensemble des salariés inscrits à l'effectif de l'entreprise, et non aux salaires versés aux seuls bénéficiaires de l'intéressement. Pour les entreprises relevant d'une caisse de congés payés, les rémunérations versées par l'employeur doivent être ajoutées aux indemnités de congés payés versées par la caisse.

© Éditions d'Organisation

Dans l'hypothèse où l'intéressement est conclu au sein d'un groupe, ce plafond s'apprécie société par société.

Plafond individuel

Indépendamment du plafond global ci-dessus, la prime d'intéressement versée à chaque salarié au titre d'un exercice est plafonnée à la moitié du plafond annuel de la Sécurité sociale (30 192 euros en 2005). Le niveau de ce plafond correspond à un double souci :

- ne pas pénaliser les salariés percevant des rémunérations peu élevées ;
- éviter que l'intéressement ne représente des sommes particulièrement importantes pour certaines catégories de salariés.

Pour les salariés n'ayant pas accompli une année entière dans l'entreprise, le calcul du plafond se fait au prorata du temps de présence dans l'entreprise.

Participation

Plafond collectif

Pour ouvrir droit aux exonérations fiscales et sociales, la réserve spéciale de participation ne doit pas excéder l'un des plafonds suivants, au choix des parties :

- la moitié du bénéfice net comptable ;
- le bénéfice net comptable diminué de 5 % des capitaux propres ;
- le bénéfice net fiscal diminué de 5 % des capitaux propres ;
- la moitié du bénéfice net fiscal.

Plafond individuel

Les droits susceptibles d'être attribués à un même salarié au titre d'un exercice sont plafonnés aux trois quarts du plafond annuel de la Sécurité sociale. Cette attribution au titre de 2005 est donc limitée à 22 644 euros.

© Éditions d'Organisation

Les sommes qui n'auraient pu être mises en distribution en raison de cette règle sont immédiatement réparties entre tous les salariés auxquels ont été versées des sommes inférieures à ce plafond, sans que ce versement complémentaire ne conduise à le dépasser.

CRITÈRES DE RÉPARTITION

Intéressement et participation

La répartition de l'intéressement et de la participation doit s'effectuer :

- soit uniformément ;
- soit proportionnellement à la durée de présence dans l'entreprise au cours de l'exercice ;
- soit proportionnellement aux salaires ;
- soit en retenant conjointement ces différents critères.

La répartition uniforme

L'enveloppe est divisée entre tous les salariés bénéficiaires sans tenir compte du salaire ou du temps de présence. Ainsi, un salarié à temps partiel recevra le même montant qu'un salarié à temps plein ; un salarié embauché en cours d'année la même somme qu'un salarié présent toute l'année. Dans les faits, ce type de répartition est très rarement retenu par les partenaires sociaux.

Dans de nombreux accords, le terme de « répartition uniforme » est improprement employé. En effet, il désigne parfois un mode de répartition où est prise en compte la durée de présence sans pénalisation de l'absentéisme (tenant compte des seules entrées/sorties au cours de l'exercice, et du travail à temps partiel, le cas échéant, du salarié).

La durée de présence

Il s'agit des périodes de travail effectif (ce qui peut permettre une prise en compte différenciée du temps partiel et du temps complet),

© Éditions d'Organisation

auxquelles s'ajoutent les périodes légalement assimilées de plein droit à du travail effectif et rémunérées comme telles (congés payés, exercice de mandats de représentation du personnel, exercice des fonctions de conseiller de prud'homme...). En outre, sont assimilées à des périodes de travail le congé de maternité ou d'adoption (mais pas le congé de paternité), ainsi que les absences consécutives à un accident du travail (à l'exclusion des accidents de trajet) ou à une maladie professionnelle.

Critère du salaire

Dans le cas de l'intéressement, c'est à l'accord de définir la notion de salaire retenue, qu'il s'agisse soit du salaire effectivement versé, soit du salaire de référence correspondant à la rémunération habituelle des salariés. La définition du salaire peut également intégrer un plancher et/ou un plafond destiné à atténuer la hiérarchie des rémunérations. En tout état de cause, la définition retenue ne peut avoir pour effet de faire obstacle aux dispositions législatives relatives aux périodes de congé de maternité ou d'adoption ainsi qu'aux périodes d'absence consécutives à un accident du travail ou à une maladie professionnelle. Les salaires à prendre en compte au titre de ces périodes sont ceux qu'aurait perçus le bénéficiaire s'il avait été présent.

Dans le cas de la participation, il s'agit des salaires bruts tels que définis pour le calcul de la RSP. Doivent également être prises en compte les indemnités de congés payés versées pour le compte de l'employeur par des caisses agréées. Pour les périodes d'absence, les rémunérations à prendre en compte, dans le cas où l'employeur ne maintient pas intégralement les salaires, sont celles qu'auraient perçues les salariés concernés pendant les mêmes périodes s'ils avaient travaillé. Le plafond maximal dans la limite duquel est pris en compte le total des salaires servant de base à la répartition proportionnelle aux salaires est au plus égal à quatre fois le plafond annuel de Sécurité sociale. Les parties peuvent cependant retenir un plafond inférieur dès lors que ce dernier est précisément défini par l'accord et

© Éditions d'Organisation

identique pour tous les salariés. Elles peuvent aussi fixer un plancher au salaire servant de base au calcul de la part individuelle du salarié (exemple : répartition au prorata des salaires perçus, avec salaire plancher de répartition à 15 000 €). Cette faculté a pour objet d'atténuer les effets de la hiérarchie des salaires sur la répartition de la réserve de participation.

Intéressement

L'utilisation de ces critères doit être en conformité avec le principe même de l'intéressement qui est un mode de rémunération collective. En particulier, il ne peut être tenu compte d'une modulation en fonction d'une performance individuelle.

La répartition de l'intéressement peut varier selon les établissements ou les unités de travail.

On appellera unité de travail l'ensemble des salariés travaillant habituellement ensemble, exerçant des tâches proches ou identiques, ayant des conditions de travail analogues et placées sous la responsabilité d'un encadrement commun (un service commercial par exemple).

Dans le cas de répartition selon le critère du temps de présence, seules les absences pour maladie non professionnelle peuvent être imputées sur le temps de présence, avec un impact sur le montant de la prime d'intéressement strictement proportionnelle à la durée de l'absence.

Participation

Lorsqu'un accord unique est conclu au sein d'une unité économique et sociale (UES), la répartition des sommes est effectuée entre tous les salariés employés dans les entreprises constituant l'unité économique et sociale sur la base du total des réserves de participation constituées dans chaque entreprise.

© Éditions d'Organisation

INFORMATION DU PERSONNEL

Intéressement

L'accord d'intéressement doit faire l'objet de la remise à tous les salariés de l'entreprise – y compris à tout nouvel embauché – d'une note d'information reprenant le texte même de l'accord.

En outre, l'accord pourra être affiché dans les locaux de l'entreprise afin que chaque salarié puisse en prendre connaissance. Toute information supplémentaire utile à la compréhension des bases de l'accord – la situation économique de l'entreprise, les projets de croissance et de développement, la politique de qualité, etc. – est laissée à la libre appréciation de l'entreprise.

Naturellement, lorsque la conclusion de l'accord d'intéressement se fait par ratification par les deux tiers du personnel, une information sur la teneur de l'accord leur est fournie pour qu'ils puissent se prononcer en toute connaissance de cause.

Au-delà de ces obligations réglementaires, beaucoup d'entreprises profitent de la signature d'un accord d'intéressement pour mettre en place un véritable dispositif d'information économique des salariés, qui pourra se développer tout au long de l'application de l'accord.

Participation

L'information collective est donnée par tous les moyens dont dispose l'entreprise : affichage dans les locaux de travail et sur les panneaux d'information, journaux d'entreprise, brochures, notes et bulletins, information décentralisée, réunions assurées par l'encadrement ou les services de RH, etc. Cette information doit naturellement reprendre l'ensemble des points de l'accord de participation pour donner à l'ensemble des salariés l'information la plus complète possible sur le dispositif mis en œuvre.

En ce qui concerne les instances représentatives, le comité d'entreprise doit être préalablement consulté, notamment s'il n'est pas

© Éditions d'Organisation

signataire de l'accord (sinon il l'est automatiquement). En effet, la participation étant un mode de rémunération particulier, sa mise en œuvre ou son renouvellement entre dans ses compétences consultatives au titre de ses attributions générales.

SUIVI D'APPLICATION DE L'ACCORD

Intéressement

En plus de l'information des salariés, l'accord d'intéressement doit prévoir le suivi du fonctionnement de l'accord tout au long des trois ans de validité. Pour ce faire, une information des représentants du personnel est organisée. L'institution représentative destinataire de l'information est en principe le comité d'entreprise ou, à défaut, une commission *ad hoc*, composée de représentants des salariés spécialement désignés à cet effet ou les délégués du personnel.

L'information doit être complète et régulière, afin de mettre les représentants du personnel en mesure d'assurer un suivi satisfaisant de l'application de l'accord et de vérifier, notamment, l'exactitude du calcul des primes et le respect des modalités de répartition de l'enveloppe d'intéressement. Les conditions et la périodicité de l'information sont librement déterminées entre les parties, mais le bon sens veut qu'elles suivent au moins le rythme de détermination et de répartition des sommes résultant de l'application de l'accord.

Participation

L'employeur doit, dans les six mois qui suivent la clôture de chaque exercice, présenter un rapport au comité d'entreprise ou à une commission spécialisée créée par lui. Ce rapport doit comporter les éléments servant de base au calcul de la RSP pour l'exercice écoulé et les modalités d'affectation de cette réserve. Le comité peut se faire assister par l'expert-comptable.

© Éditions d'Organisation

Lorsqu'il n'existe pas de comité d'entreprise, les délégués du personnel doivent avoir connaissance de ce rapport qui doit être obligatoirement adressé à chaque salarié dans les six mois suivant la clôture de l'exercice.

Intéressement et participation

L'information doit être claire afin de permettre à chaque salarié d'avoir une bonne compréhension du système d'intéressement ou/et de participation mis en place dans l'entreprise. Elle doit aussi être fournie au fur et à mesure de l'application de l'accord, exercice par exercice.

Il faut que les dispositions essentielles du système soient écrites dans l'accord. La référence aux textes légaux et réglementaires peut être utile, mais elle est insuffisante.

L'information doit permettre aux salariés de connaître facilement la date de signature de l'accord et la date de son entrée en vigueur. Outre la formule de calcul, qui doit être détaillée, les modalités de répartition de leurs droits doivent être énumérées clairement.

Mais en rester à la simple information écrite est souvent considéré par les salariés comme un minimum insuffisant. En effet, intéressement et participation s'appuient sur la réalité économique et financière de l'entreprise et représentent une illustration de leurs efforts et de leurs performances communes. C'est pourquoi dans bien des cas une opération de sensibilisation et de formation économique accompagne la mise en œuvre de ces dispositifs.

MODIFICATIONS ET LITIGES

Intéressement

Compte tenu de la durée de l'accord, un certain nombre d'événements peuvent survenir dans la période et rendre difficile l'application des modalités de l'accord. En principe, l'accord ne peut être

© Éditions d'Organisation

modifié ou dénoncé que dans les formes et par les parties qui avaient présidé à sa conclusion. En conséquence, une dénonciation unilatérale de l'accord est en principe interdite, sauf en vue de la renégociation d'un nouvel accord, au-delà du délai de quatre mois imparti à l'autorité administrative pour contester la validité de l'accord initial.

Tout avenant modifiant l'accord en vigueur doit faire l'objet d'un dépôt dans les conditions exigées pour la conclusion du premier accord.

Participation

L'application des modalités de l'accord peut donner lieu à certains litiges relatifs notamment à l'évaluation des données constitutives de la formule retenue. En ce qui concerne le montant du bénéfice net et des capitaux propres, l'attestation est établie par l'inspecteur des impôts ou par le commissaire aux comptes sur demande de l'entreprise dans les trois mois qui suivent cette demande ou le dépôt de la déclaration fiscale correspondante. À noter que le bénéfice fiscal est déterminé sous la responsabilité de l'entreprise et que le calcul de la RSP peut être réalisé dès que ce résultat est communiqué, sans attendre la tenue de l'assemblée générale de l'entreprise.

En ce qui concerne le montant des salaires et de la valeur ajoutée, leur mode de calcul étant stipulé dans l'accord, les contestations sont portées devant les juridictions compétentes en matière d'impôts directs, c'est-à-dire les tribunaux administratifs. Néanmoins, les accords peuvent fixer des modalités de règlement amiable des litiges, sous forme de procédures de simple conciliation ou d'arbitrage.

Tous les autres litiges sont de l'ordre des tribunaux judiciaires.

La suspension d'un accord de participation est prévue dans les textes dans le seul cas de diminution des effectifs au-dessous du seuil de cinquante salariés et à condition que cette situation ait été prévue spécifiquement dans l'accord.

© Éditions d'Organisation

Intéressement et participation

En cas de modification de la situation juridique de l'entreprise par scission, fusion ou cession, et si cette modification interdit la poursuite de l'application de l'accord, une nouvelle négociation doit s'engager dans un délai de six mois dans la nouvelle entité, du moins si celle ci ne dispose pas déjà d'un accord applicable.

Dans tous les cas, la modification juridique ne peut avoir pour effet de priver les salariés des droits précédemment acquis.

© Éditions d'Organisation

Destination des sommes

INTÉRESSEMENT	PARTICIPATION
AFFECTATION DES SOMMES	
Versement immédiat Avances possibles	Blocage cinq ans Affectation en actions, en compte courant bloqué, en SICAV ou FCP
Affectation possible à un CET, un PEE, un PEI ou un PERCO	
GESTION DES AVOIRS DES SALARIÉS	
Modalités spécifiques par type de placement	
LES CAS DE DÉBLOCAGE	
En fonction des modalités prévues dans la formule d'investissement choisie	9 cas de déblocage anticipé prévus par la loi
FISCALITÉ ET CHARGES SOCIALES	
Si versement immédiat : imposition sur le revenu Avantages fiscaux en cas de placement	Exonération de l'impôt sur le revenu
Exonération de charges sociales En cas de placement : exonération fiscale des plus-values Pour l'entreprise : déductibilité de l'impôt sur les sociétés	

© Éditions d'Organisation

AFFECTATION DES SOMMES

Intéressement

Mise à disposition des sommes

L'accord d'intéressement doit préciser les dates de versement des sommes résultant de l'application de l'accord. Ce versement doit être réalisé dès que le montant a pu en être calculé et au plus tard le dernier jour du septième mois suivant la clôture de l'exercice de référence de l'accord. Toutefois toute somme versée en application de l'accord au-delà de cette limite produit un intérêt à la charge de l'entreprise à un taux fixé par la loi.

Si la période de référence retenue pour le calcul de l'intéressement est inférieure à l'année, le versement doit intervenir dans les deux mois qui suivent la période de calcul. Les intérêts courent à partir du premier jour du troisième mois suivant la fin de cette période.

Avances

L'accord d'intéressement peut prévoir une clause de versement en cours d'année à valoir sur le montant total de la prime. Ce principe pose toutefois des problèmes d'application notamment dans le cas où le calcul de la prime annuelle s'avérerait inférieur au total des avances consenties.

Dans ce cas les sommes perçues en excédent du calcul doivent être intégralement remboursées par le salarié à l'entreprise même si l'accord ne prévoit pas de clause de remboursement.

En cas d'absence de reversement du trop-perçu par les salariés, les sommes correspondantes seront considérées comme un salaire et réintégrées à ce titre dans l'assiette des cotisations sociales et fiscales.

Pour éviter ces complications, il est fréquent de prévoir dans l'accord un coefficient de précaution appliqué au versement par rapport au résultat provisoire de l'intéressement.

© Éditions d'Organisation

Affectation à un compte épargne-temps

Si ce dispositif existe dans l'entreprise et si l'accord d'intéressement le prévoit, les salariés peuvent y affecter tout ou partie de leur intéressement. En tout état de cause l'affectation de l'intéressement au compte épargne-temps ne peut être imposée aux salariés.

Participation

Les sommes constituées au profit des salariés sont normalement bloquées pendant cinq ans à compter de l'ouverture des droits correspondants. Cette règle d'indisponibilité ne s'applique pas aux sommes inférieures à un montant fixé par arrêté (38,11 euros en 2005). Les sommes constituant la réserve spéciale de participation peuvent être placées de plusieurs manières.

Souscription ou attribution d'actions

- attribution d'actions ou de coupures d'actions de l'entreprise provenant d'une incorporation de réserves au capital ou d'un rachat préalable effectué par l'entreprise elle-même ;
- souscription d'actions émises par les sociétés créées en vue de la reprise d'une entreprise par ses salariés.

Comptes courants bloqués d'entreprise

- Le montant des droits des salariés est conservé par l'entreprise qui doit utiliser ces sommes au financement de ses investissements ; les salariés ont sur l'entreprise un droit de créance égal au montant des sommes versées.

Sicav et fonds communs de placement

- titres émis par des sociétés d'investissement à capital variable. Le portefeuille de ces sociétés doit être composé au moins pour moitié de valeurs d'entreprises dont le siège est fixé dans un État membre de la Communauté européenne ou partie à l'accord sur l'Espace économique européen ;

© Éditions d'Organisation

- parts de fonds communs de placement, la loi prévoyant des fonds entreprises et des fonds multientreprises.

Affectation à un compte épargne-temps

Si ce dispositif existe dans l'entreprise, les salariés ont la possibilité – aussitôt après la période de blocage – d'y affecter tout ou partie de leur participation.

Intéressement et participation

Affectation à un plan d'épargne d'entreprise (PEE) ou interentreprises (PEI) et/ou à un plan d'épargne retraite collectif (PERCO)

Les salariés qui ont adhéré à un plan d'épargne d'entreprise peuvent obtenir de l'entreprise que les sommes qui leur sont attribuées au titre de la participation (en totalité) et de l'intéressement (en totalité ou en partie), soient affectées à la réalisation de ce plan, si ce dernier le prévoit. Le plan est, en ce cas, alimenté par les sommes ainsi affectées et, s'il y a lieu et suivant les modalités qu'il fixe, par les versements complémentaires de l'entreprise et les versements opérés volontairement par les salariés.

GESTION DES AVOIRS DES SALARIÉS

Participation

Comptes courants bloqués d'entreprise

Les salariés ont sur l'entreprise une créance égale au montant de leur quote-part de participation.

Les comptes courants bloqués sont rémunérés à un taux déterminé par l'accord de participation qui ne peut être inférieur au taux moyen des obligations des sociétés privées.

© Éditions d'Organisation

À l'expiration du délai de blocage de cinq ans, les salariés sont assurés de recevoir le montant de leur quote-part majoré des intérêts capitalisés.

L'entreprise dispose librement des sommes de la RSP puisque leur emploi n'est soumis à aucun contrôle de la part des salariés. Il doit cependant s'agir d'investissements nouveaux et non par exemple d'un remboursement d'emprunt contracté pour le financement d'investissements antérieurs.

La gestion administrative du compte bloqué peut être assurée par l'entreprise elle-même ou être confiée à des organismes spécialisés ou à des établissements bancaires. Cette gestion consiste, après avoir procédé à la répartition individuelle de la réserve spéciale de participation, à effectuer le décompte des intérêts et les remboursements anticipés ou à l'échéance au profit des salariés.

En tout état de cause, l'entreprise est tenue de souscrire une assurance protégeant les salariés en cas d'incapacité de l'entreprise à effectuer le remboursement au moment de son exigibilité.

En tout état de cause, l'entreprise est tenue de souscrire une assurance protégeant les salariés en cas d'incapacité de l'entreprise à effectuer le remboursement au moment de son exigibilité. Toutefois cette assurance risque de ne pas couvrir la totalité des créances des salariés, notamment s'il s'agit de l'assurance générale des salariés.

Un dispositif temporaire : le versement direct aux salariés

Jusqu'au 31 décembre 2005, les sommes attribuées aux salariés au titre de la participation pour le dernier exercice clos peuvent leur être versées directement ainsi que les sommes déjà affectées. Toutefois, les sommes affectées à un PERCO ne sont pas déblocables. Les sommes versées ne bénéficient pas des exonérations fiscales.

© Éditions d'Organisation

Intéressement

Un dispositif temporaire : la prime exceptionnelle d'intéressement

Une loi votée en mars 2005 prévoyait la possibilité pour les entreprises qui le souhaitaient d'accorder une prime de 15 % de l'intéressement ou de 200 euros par salarié et ce jusqu'au 31 décembre 2005. Elle visait au passage à favoriser la conclusion d'accords d'intéressement dans les entreprises qui n'en avaient pas.

Intéressement et participation

Actionnariat salarié

Les sommes dégagées par l'intéressement et la participation peuvent être investies dans des plans d'actionnariat salarié et gérées selon les principes de ces plans (🕮 *Voir chapitre 5*).

Compte épargne-temps

Les sommes dégagées par l'intéressement et la participation peuvent être investies dans un compte épargne-temps (CET) et gérées selon les principes de ce compte. Le compte épargne-temps permet aux salariés d'accumuler des jours de congés rémunérés ou une épargne en argent. Mis en place par convention ou accord collectif, le CET est alimenté par des jours de congés ou des sommes diverses. Le salarié peut l'utiliser soit pour percevoir une rémunération pendant des périodes d'inactivité, soit pour bénéficier d'une rémunération immédiate ou différée. Les droits des salariés sont soit gérés directement par l'entreprise, soit par l'intermédiaire d'opérateurs externes auxquels est délégué le pilotage administratif et financier. Des dispositions spécifiques sont prévues en cas de rupture du contrat de travail *(🕮 Voir pages 77-78).*

Sicav et fonds communs de placement

Les sommes dégagées par l'intéressement et la participation investies en sicav et fonds communs de placement sont gérées selon un mécanisme faisant appel à deux types d'intervenants exerçant deux activités juridiquement distinctes.

© Éditions d'Organisation

1. La gestion administrative. Elle est assurée par un organisme teneur de comptes conservateur de parts (TCCP), qui procède aux opérations suivantes :
   - versements, retraits, arbitrages pour le compte des salariés ;
   - tenue de registre et opérations assimilables pour le compte de l'entreprise (calcul de l'abondement ou de la fiscalité française : CSG, CRDS...) ;
   - envoi des relevés de compte individuels ;
   - traitement des demandes d'information complémentaire des salariés ;
   - accès permanent des adhérents aux informations qui les concernent (Internet, téléphone...).
2. La gestion financière. Elle est assurée par une société de gestion – agréée par le ministère des Finances et l'AMF – qui procède aux investissements et désinvestissements sur les fonds et gère les avoirs des adhérents en fonction des orientations des FCPE. Elle dispose d'équipes d'analystes et de gérants qui rendent compte de leur gestion aux conseils de surveillance des fonds. Elle peut proposer une formation des membres des conseils de surveillance.

Plan d'épargne d'entreprise (PEE)

Les sommes dégagées par l'intéressement et la participation peuvent être investies dans un plan d'épargne d'entreprise et gérées selon les principes de ce plan (📖 *Voir chapitre 5*).

Plan d'épargne interentreprises (PEI)

Les sommes dégagées par l'intéressement et la participation peuvent être investies dans un plan d'épargne interentreprises et gérées selon les principes de ce plan (📖 *Voir chapitre 5*).

Plan d'épargne retraite collectif (PERCO)

Les sommes dégagées par l'intéressement et la participation peuvent être investies dans un plan d'épargne retraite collectif et gérées selon les principes de ce plan (📖 *Voir chapitre 5*).

© Éditions d'Organisation

LES CAS DE DÉBLOCAGE

Intéressement

Si un salarié a investi tout ou partie de son intéressement dans des formules d'épargne salariale (PEE, PEI, PERCO), ces sommes sont normalement bloquées sur une longue durée. Des cas de déblocage sont prévus par la loi, les sommes ainsi investies obéissent donc à ces conditions de déblocage.

Participation, Plan d'épargne d'entreprise (PEE) et Plan d'épargne interentreprises (PEI)

Les droits constitués au profit des salariés peuvent être, sur leur demande, exceptionnellement liquidés avant l'expiration des délais fixés dans les cas suivants :

- mariage de l'intéressé ou conclusion d'un pacte civil de solidarité par l'intéressé ;
- naissance, ou arrivée au foyer en vue de son adoption d'un enfant dès lors que le foyer compte déjà au moins deux enfants à sa charge ;
- divorce, séparation ou dissolution d'un pacte civil de solidarité lorsqu'ils sont assortis d'un jugement prévoyant la résidence habituelle unique ou partagée d'au moins un enfant au domicile de l'intéressé ;
- invalidité du salarié, de ses enfants, de son conjoint, ou de la personne qui lui est liée par un pacte civil de solidarité. Cette invalidité s'apprécie au sens des 2° et 3° alinéas de l'article L. 341-4 du code de la Sécurité sociale ou doit être reconnue par décision de la commission technique d'orientation et de reclassement professionnel prévue à l'article L. 323-11 ou de la commission départementale de l'éducation spéciale à condition que le taux d'incapacité atteigne au moins 80 % et que l'intéressé n'exerce aucune activité professionnelle ;
- décès du salarié, de son conjoint ou de la personne liée au bénéficiaire par un pacte civil de solidarité ;

© Éditions d'Organisation

- cessation du contrat de travail, quelles que soient les conditions dans lesquelles intervient la fin du contrat de travail et notamment en cas de fin de contrat à durée déterminée ou rupture de contrat à durée indéterminée. Pour les mandataires sociaux d'entreprises de moins de 100 salariés, la cessation du mandat entraîne la possibilité de déblocage anticipé si le mandataire n'est pas par ailleurs titulaire d'un contrat de travail ;
- affectation des sommes épargnées à la création ou reprise, par le salarié, ses enfants, son conjoint ou la personne liée au bénéficiaire par un pacte civil de solidarité, d'une entreprise industrielle, commerciale, artisanale ou agricole, soit à titre individuel, soit sous la forme d'une société, à condition d'en exercer effectivement le contrôle, à l'installation en vue de l'exercice d'une autre profession non salariée ou à l'acquisition de parts sociales d'une société coopérative de production ;
- affectation des sommes épargnées à l'acquisition ou agrandissement de la résidence principale emportant création de surface habitable nouvelle, sous réserve de l'existence d'un permis de construire ou d'une déclaration préalable de travaux ou à la remise en état de la résidence principale endommagée à la suite d'une catastrophe naturelle reconnue par arrêté ministériel ;
- situation de surendettement du salarié, sur demande adressée à l'organisme gestionnaire des fonds ou à l'employeur par le président de la commission de surendettement des particuliers soit par le juge lorsque le déblocage paraît nécessaire à l'apurement du passif de l'intéressé.

Cas particuliers

- en cas de cession totale de l'entreprise ou de liquidation judiciaire constatée par un jugement, les droits à participation non échus deviennent immédiatement exigibles ;
- les sommes détenues par un salarié, au titre de la réserve spéciale de la participation des salariés aux résultats de l'entreprise, dont il n'a pas demandé la délivrance au moment de la rupture de son contrat de travail, peuvent être affectées dans le plan d'épargne de son nouvel employeur. Les sommes qu'il affecte au

© Éditions d'Organisation

plan d'épargne d'entreprise de son nouvel employeur ne sont pas prises en compte pour l'appréciation du plafond du quart de la rémunération brute annuelle. Les montants transférés ne peuvent bénéficier de l'abondement de l'entreprise.

En règle générale, la demande du salarié doit être présentée dans un délai de six mois à compter de la survenance du fait générateur, à l'exception des cas de décès du conjoint ou de la personne liée au bénéficiaire par un PACS, d'invalidité ou de surendettement, d'expiration des droits à l'assurance chômage.

La levée anticipée de l'indisponibilité ne peut intervenir que sous la forme d'un versement unique qui porte, au choix du salarié, sur tout ou partie de ses droits susceptibles d'être débloqués. Le même fait générateur ne peut en effet donner lieu à des déblocages successifs. Il se peut toutefois que dans certains cas, les droits du dernier exercice clos (calculés en nombre de parts) ne soient pas encore déterminés et individualisés lors de la demande du salarié. Dans cette éventualité le déblocage pourra être effectué en deux fois.

Plan d'épargne retraite collectif (PERCO)

- décès du salarié, de son conjoint ou de la personne liée au bénéficiaire par un pacte civil de solidarité ;
- expiration des droits à l'assurance chômage du titulaire. Fournir un document émanant de l'Assedic dont relève l'intéressé attestant que tous ses droits à l'assurance chômage sont arrivés à expiration ;
- invalidité du salarié, de ses enfants, de son conjoint, ou de la personne qui lui est liée par un pacte civil de solidarité (mêmes conditions que pour le PEE) ;
- situation de surendettement du salarié (mêmes conditions que pour le PEE) ;
- affectation des sommes épargnées à l'acquisition de la résidence principale ou à la remise en état de la résidence principale endommagée à la suite d'une catastrophe naturelle reconnue par arrêté ministériel. Pas de déblocage en cas d'agrandissement de la maison.

© Éditions d'Organisation

FISCALITÉ ET CHARGES SOCIALES

Intéressement

Régime fiscal pour le salarié

Les sommes attribuées au salarié sont soumises à l'impôt sur le revenu des personnes physiques au titre de l'année au cours de laquelle il en a la disposition. Par exception, si un salarié bénéficiaire décide d'affecter dans les quinze jours suivants la notification du versement tout ou partie des sommes qui lui sont attribuées à un plan d'épargne d'entreprise ou à un PERCO, ces sommes sont exonérées de l'impôt sur le revenu dans la limite de la moitié du plafond annuel de la Sécurité sociale.

L'abondement éventuel de l'entreprise venant compléter les versements du salarié est également exonéré.

Régime social pour le salarié

Les sommes distribuées n'ont pas un caractère de rémunération, elles sont donc exonérées de cotisations de Sécurité sociale ainsi que de toutes autres cotisations. Elles sont toutefois assujetties à la CSG et à la CRDS. Pour les sommes provenant de l'intéressement et alimentant un CET, les indemnités compensatrices correspondantes ne bénéficient pas de ces exonérations.

L'abondement éventuel de l'entreprise venant compléter les versements du salarié – dans un PEE, un PERCO ou un CET – est également exonéré.

Régime fiscal pour l'entreprise

L'entreprise peut déduire des bases de l'impôt sur les sociétés le montant des sommes versées aux salariés en application de l'accord. Ces sommes sont également exonérées de la taxe sur les salaires, de la taxe d'apprentissage, de la taxe sur la formation professionnelle et de la taxe sur la construction. Elles doivent toutefois être intégrées dans les bases de calcul de la taxe professionnelle.

© Éditions d'Organisation

Régime social pour l'entreprise

Les sommes distribuées n'ayant pas le caractère d'une rémunération sont exonérées de cotisations sociales.

Participation

Régime fiscal pour le salarié

Les sommes revenant au salarié au titre de la répartition de la RSP (réserve spéciale de participation) sont exonérées de l'impôt sur le revenu lorsqu'elles deviennent disponibles. Les revenus de ces sommes sont également exonérés lorsqu'ils sont réinvestis avec le principal.

Dans le cas où les revenus sont perçus annuellement, ils suivent le régime fiscal en vigueur.

Régime social pour le salarié

Les sommes portées à la RSP ne sont pas prises en considération pour la législation de la Sécurité sociale. Le revenu des placements perçus annuellement ou réinvestis n'est pas soumis aux cotisations sociales.

Les sommes portées au compte des salariés au moment de la répartition sont assujetties à la CSG et à la CRDS déduction faite de 5 % pour frais professionnels.

Lorsque le revenu de ces sommes est réinvesti et bloqué, la CSG et la CRDS sont prélevées au moment de la liquidation des avoirs du salarié.

Lorsque les revenus sont distribués annuellement, la CSG et la CRDS sont recouvrées annuellement. Un prélèvement social de 2 % affecte également les revenus des sommes provenant de la participation.

Régime fiscal pour l'entreprise

Les sommes portées à la RSP sont déductibles de l'assiette de l'impôt sur les sociétés (ou de l'impôt sur le revenu) au titre de l'année où

© Éditions d'Organisation

elles sont réparties entre les salariés (et non pas au moment où elles sont versées). La participation est donc considérée comme une charge déductible des résultats de l'exercice. Dans le cas où l'entreprise est assujettie à la taxe sur les salaires, elle n'est pas prise en compte dans son calcul.

Régime social pour l'entreprise

La RSP n'est pas prise en compte dans le calcul des cotisations sociales.

Intéressement et participation

Provision pour investissement

Certaines entreprises peuvent constituer une provision pour investissement. C'est le cas des entreprises :

- de moins de 50 salariés appliquant volontairement le mécanisme de la *participation*. Elles peuvent constituer une provision de 50 % du montant de la RSP en franchise d'impôt ;
- qui appliquent un régime de *participation* plus favorable que celui résultant de l'application de la formule légale. Elles peuvent constituer une provision de 50 % du montant supplémentaire de la RSP en franchise d'impôt (📖 *Voir page 119 et suivantes).*

© Éditions d'Organisation

Chapitre 5

L'intéressement et la participation dans les plans d'épargne d'entreprise

Parmi les affectations des sommes provenant de l'intéressement et de la participation figurent en bonne place les placements dans les plans d'épargne d'entreprises. La question de la mise en place d'un PEE doit d'ailleurs être abordée lors de la négociation d'un accord d'intéressement ou de participation.

Système d'épargne collectif et facultatif, un plan d'épargne donne aux salariés l'occasion de se constituer une épargne sous forme de valeurs mobilières à des conditions avantageuses.

À côté du plan d'épargne d'entreprise, le plus ancien et le plus répandu, figurent aujourd'hui deux autres types de plan ; le plan d'épargne interentreprises (PEI) et le plan d'épargne retraite collectif (PERCO). Le tableau ci-après donne les principales caractéristiques de ces plans.

© Éditions d'Organisation

LES PLANS D'ÉPARGNE

Tableau comparatif des plans d'épargne

PEE Plan d'épargne d'entreprise	PEI Plan d'épargne interentreprises	PERCO Plan d'épargne Retraite Collectif
Création et mise en place		
Sur décision de l'entreprise. La durée de blocage est de cinq ans minimum. Le plan peut prévoir des durées de blocage plus longues. La gestion de l'épargne salariale est assurée par une société de gestion.	Création par accord collectif entre une ou plusieurs organisations syndicales de salariés et les employeurs. Il peut concerner une branche professionnelle, un bassin d'emploi, ou un regroupement d'entreprises réunies par un objet commun.	Accord passé entre l'employeur et une ou plusieurs organisations syndicales représentatives à condition qu'il existe déjà un PEE ou un PEI. Le terme normal du plan est le départ en retraite du salarié. Les droits de chaque salarié sont transférables sur un autre plan de même nature ouvert par un nouvel employeur. La gestion de l'épargne salariale est assurée par une société de gestion.
Périmètre		
• Tous les salariés de l'entreprise avec éventuellement une durée de présence minimale dans l'entreprise (trois mois au plus). • Les salariés étant partis en retraite ou préretraite à condition d'avoir adhéré au plan avant leur départ (pas d'abondement).	• Tous les salariés des entreprises concernées avec éventuellement une durée de présence minimale de trois mois dans l'entreprise. • Les entreprises entrant dans le champ de l'accord mais ne l'ayant pas signé au départ doivent permettre à leurs salariés d'épargner dans ce plan en payant au moins les frais de gestion correspondants.	• Tous les salariés de l'entreprise avec éventuellement une durée de présence minimale de trois mois dans l'entreprise. • Les chefs d'entreprise et mandataires sociaux (présidents, directeurs généraux, gérants, etc.) des entreprises employant entre un et cent salariés.
Formes de placement		
• OPCVM : SICAV, FCPE diversifiés, FCPE « titres de l'entreprise » (si l'entreprise n'est pas cotée, le FCPE doit respecter des règles de liquidités). • Valeurs mobilières émises par l'entreprise (détention en direct).	• OPCVM : SICAV, FCPE diversifiés. • Le plan ne peut pas acquérir des parts de FCPE « titres de l'entreprise », ni de SICAV d'actionnariat salarié. • En aucun cas les actions ne peuvent être détenues en direct par les salariés.	• OPCVM : SICAV, FCPE diversifiés, FCPE « titres de l'entreprise » (si l'entreprise n'est pas cotée, le FCPE doit respecter des règles de liquidités), FCPE solidaire, le plan doit prévoir la possibilité d'acquérir des parts de fonds investis dans l'économie solidaire. • Les supports financiers (SICAV, FCPE) doivent offrir au moins trois profils de gestion différents.

© Éditions d'Organisation

<table>
<tr><th>PEE
Plan d'épargne
d'entreprise</th><th>PEI
Plan d'épargne
interentreprises</th><th>PERCO
Plan d'épargne
Retraite Collectif</th></tr>
<tr><th colspan="3">Contrôle</th></tr>
<tr><td>Dépôt du règlement du PEE à la DDTEFP.

Pour les sociétés cotées, l'AMF donne son agrément. Un conseil de surveillance est obligatoirement constitué et comprend des salariés porteurs de parts. Il valide le règlement, indique l'orientation de la politique de placement, exerce les droits de vote et informe les porteurs de parts par un rapport annuel.</td><td>Les conditions dans lesquelles sont désignés les membres des conseils de surveillance des FCPE ainsi que les modalités de fonctionnement doivent être précisées dans l'accord et pourront varier selon la taille et le nombre des entreprises signataires.</td><td>Dépôt du règlement du PERCO à la DDTEFP.
Pour les sociétés cotées, l'AMF donne son agrément. Un conseil de surveillance est obligatoirement constitué et comprend des salariés porteurs de parts. Il valide le règlement, indique l'orientation de la politique de placement, exerce les droits de vote et informe les porteurs de parts par un rapport annuel.</td></tr>
<tr><th colspan="3">Déblocage anticipé</th></tr>
<tr><td colspan="2">Neuf cas de déblocage sont prévus par la loi : mariage ou PACS, naissance ou adoption du troisième enfant ou plus, divorce ou séparation avec garde d'enfant, invalidité ou décès du bénéficiaire ou de son conjoint, cessation du contrat de travail, création/reprise d'une entreprise, acquisition ou agrandissement de la résidence principale, surendettement.</td><td>Cinq cas de déblocage sont prévus par la loi.
Décès du bénéficiaire ou de son conjoint (ou PACS), invalidité du bénéficiaire ou de son conjoint (ou PACS) et des enfants du bénéficiaire, expiration des droits à l'assurance chômage, acquisition ou remise en état de la résidence principale après une catastrophe naturelle, surendettement.</td></tr>
<tr><th colspan="3">Modalités de sortie</th></tr>
<tr><td colspan="2">À l'issue de la période de blocage, le salarié peut :
- laisser ses avoirs dans le plan,
- retirer ses avoirs en tout ou en partie,
- transférer ses avoirs dans un nouveau plan ou dans de nouveaux FCPE.
La sortie s'effectue en capital total.</td><td>La sortie s'effectue sous forme de capital exonéré d'impôt ou de rente partiellement imposable, si ce choix est explicitement prévu par l'accord.</td></tr>
<tr><th colspan="3">Fiscalité</th></tr>
<tr><td colspan="2">L'abondement éventuel et la décote de l'action ne sont pas soumis aux charges sociales.
L'abondement est soumis à la CSG et à la CRDS.
Exonération d'impôt sur le revenu de l'intéressement investi.
Exonération d'impôt sur les plus-values qui sont soumises à la CSG, la CRDS et à un prélèvement social.</td><td>L'abondement éventuel et la décote de l'action ne sont pas soumis aux charges sociales.
L'abondement est soumis à la CSG et à la CRDS. Au-delà de 2 300 € d'abondement une cotisation est due par l'employeur. Exonération d'impôt sur le revenu de l'intéressement investi. Exonération d'impôt sur les plus-values qui sont soumises à la CSG, la CRDS et à un prélèvement social.</td></tr>
</table>

© Éditions d'Organisation

QUELQUES PRÉCISIONS...

Mécanisme de l'abondement

L'abondement ne peut être conçu comme un complément de rémunération individuelle et ne peut être fonction de l'appréciation portée sur les salariés dans l'exercice de leur fonction. Il n'est pas possible de moduler l'abondement selon le temps de présence du salarié. Le salarié doit connaître au moment où il effectue son versement les modalités de l'abondement de son employeur.

L'abondement versé au cours d'une année civile par une ou plusieurs entreprises ne peut excéder le triple de la contribution du bénéficiaire, ni être supérieur à 2 300 €. Ce plafond doit être apprécié par année civile. En cas d'acquisition par le salarié de titres de l'entreprise, ce plafond peut être majoré de 80 % à compter du 1er janvier 2006 (50 % jusqu'au 31 décembre 2005).

L'aide apportée par l'employeur aux bénéficiaires sous forme de prise en charge des prestations de tenue de compte conservation ne s'impute pas sur ces plafonds.

Les sommes consacrées à l'abondement peuvent être déduites par l'entreprise de son bénéfice pour l'assiette de l'impôt sur les sociétés ou de l'impôt sur le revenu selon le cas.

Elles ne sont pas assujetties à la taxe sur les salaires et ne sont pas prises en considération pour l'application de la législation du travail et de la Sécurité sociale.

L'abondement ne peut pas en principe s'appliquer aux sommes provenant de la participation des salariés. Mais par dérogation le versement au PERCO de la quote-part de participation peut donner lieu à abondement.

© Éditions d'Organisation

Transferts entre plans

Un transfert est une opération par laquelle un salarié adhérant à un plan d'épargne modifie l'affectation de ses avoirs vers un autre compte et dans un autre plan. Cette opération intervient sans que les sommes en jeu transitent sur le compte courant bancaire du bénéficiaire.

Deux cas peuvent se présenter :

- Transferts avec rupture du contrat de travail : toutes les sommes de tous les plans peuvent être transférées vers les plans de la nouvelle entreprise. La durée de blocage sur les nouveaux plans tient compte de la durée de blocage sur les précédents plans. Les sommes transférées ne peuvent pas bénéficier de l'abondement. Les sommes disponibles sur les plans d'origine restent disponibles sur les nouveaux plans.
  Exception : lorsque le transfert sert à souscrire à une augmentation de capital dans la nouvelle entreprise, les conditions de blocage et d'abondement sont celles de la nouvelle entreprise.
- Transferts au sein de la même entreprise.

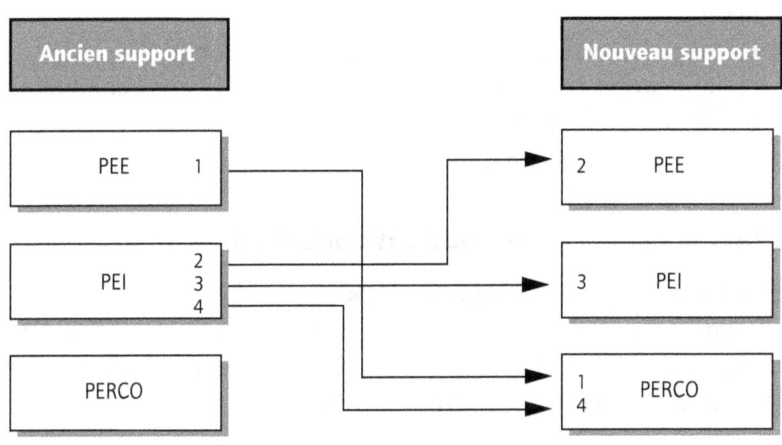

© Éditions d'Organisation

Transferts n° 1 et n° 4 : si le transfert a lieu avant le terme du délai de blocage, ces sommes peuvent être transférées dans un PERCO, mais ce transfert ne peut donner lieu à abondement. Si le transfert a lieu après le délai de blocage, il peut donner lieu à abondement.

Transferts n° 2 et n° 3 : les sommes indisponibles peuvent être transférées mais en cas de transfert dans un PEI, celui-ci doit avoir la même durée minimum de placement. Les principes du blocage sont maintenus en tenant compte des blocages déjà courus. Pour les sommes disponibles, le transfert est possible sans condition de blocage mais en cas de transfert vers un PEI, celui-ci doit avoir la même durée minimum de placement.

Transfert de la participation vers un plan d'épargne

- Participation indisponible vers un PEE ou un PEI. Le transfert est possible en tenant compte des blocages déjà courus, l'abondement est interdit.
- Participation disponible vers un PEE ou un PEI. Le transfert ayant eu lieu à l'issue de la période de blocage de la participation, le blocage éventuel doit tenir compte de cette période. L'abondement est interdit.
- Participation vers un PERCO. Les sommes disponibles ou indisponibles peuvent être transférées. Elles sont soumises aux conditions de blocage du PERCO mais peuvent, par exception, bénéficier de l'abondement de l'entreprise.

Plan d'épargne et actionnariat salarié

Dans le cadre d'un PEE, Les sociétés peuvent procéder à des augmentations de capital réservées aux adhérents d'un plan d'épargne d'entreprise ou d'un PERCO, (cette possibilité n'est pas offerte dans le cadre d'un plan d'épargne interentreprises).

Lorsque les titres sont admis aux négociations sur un marché réglementé, le prix de cession est fixé d'après les cours de bourse. Le prix de souscription ne peut être ni supérieur à la moyenne des cours cotés aux vingt séances de bourse précédant le jour de la décision du

© Éditions d'Organisation

conseil d'administration ou du directoire, selon le cas, fixant la date d'ouverture de la souscription ni inférieur de plus 20 % à cette moyenne ou de 30 % dans le cas où la durée d'indisponibilité est égale ou supérieure à dix ans.

Lorsque les titres ne sont pas admis aux négociations sur un marché réglementé, le prix de cession est déterminé conformément aux méthodes objectives retenues en matière d'évaluation d'actions en tenant compte, selon une pondération appropriée à chaque cas, de la situation nette comptable, de la rentabilité et des perspectives d'activité de l'entreprise. Ces critères sont appréciés le cas échéant sur une base consolidée ou, à défaut, en tenant compte des éléments financiers issus de filiales significatives. À défaut, le prix de cession est déterminé en divisant par le nombre de titres existants le montant de l'actif net réévalué d'après le bilan le plus récent. Le prix de cession doit être ainsi déterminé à chaque exercice sous le contrôle du commissaire aux comptes.

L'assemblée générale qui décide l'augmentation de capital peut également prévoir l'attribution gratuite d'actions ou d'autres titres donnant accès au capital.

Les modalités pratiques de mise en place d'un plan d'actionnariat salarié étant relativement complexes, on se reportera utilement pour plus de détails à la partie de la circulaire interministérielle du 6 avril 2005 consacrée à ce sujet.

Comptes courants bloqués d'entreprise

(*Voir chapitre 4*)

Plan d'épargne d'entreprise (PEE)

Le plan d'épargne d'entreprise est applicable dans toutes les entreprises quelles que soient leur taille et leur forme juridique. L'État, les collectivités territoriales, les établissements publics administratifs et hospitaliers en sont exclus.

© Éditions d'Organisation

Les entreprises ayant des liens économiques ou financiers entre elles peuvent mettre en place un plan d'épargne groupe. Tous les salariés de l'entreprise peuvent bénéficier du PEE avec éventuellement une condition d'ancienneté de trois mois au maximum.

Les chefs d'entreprise – dont l'effectif est d'au moins un salarié (même à temps partiel) et au plus 100 salariés – peuvent adhérer au PEE. Il en va ainsi des présidents, directeurs généraux, gérants de toutes les entreprises quelle qu'en soit la forme juridique : qu'il s'agisse de société commerciale (SA, SARL), de GIE, d'entreprise individuelle ou de profession libérale.

Le PEE peut être mis en place soit par un accord négocié selon les mêmes modalités que les accords d'intéressement ou de participation ou être mis en place de manière unilatérale à l'initiative de l'entreprise. Toutefois, dans les entreprises de plus de 50 salariés, le PEE doit être négocié avec le personnel lorsque l'entreprise comporte au moins un délégué syndical ou est dotée d'un comité d'entreprise. Ce n'est qu'en cas d'échec de ces négociations que l'employeur peut prendre des mesures de manière unilatérale.

Le PEE est alimenté par :

- les versements volontaires ;
- l'intéressement ;
- la participation ;
- l'abondement de l'entreprise ;
- les transferts d'autres plans.

Le total des sommes consacrées à un PEE ne peut excéder 25 % de la rémunération annuelle brute du salarié hors participation et transferts. Les sommes versées sur le plan d'épargne sont bloquées pendant 5 ans au minimum. Sauf exception (voir possibilités de déblocage, p. 60 et suivantes), elles ne peuvent donc pas être récupérées avant l'expiration de ce délai qui court à compter de chaque versement. À l'issue de la période de blocage de cinq ans, les valeurs mobilières acquises au moyen des sommes indisponibles peuvent rester placées

© Éditions d'Organisation

sur le PEE aussi longtemps que le souhaite le salarié. Elles continuent à fructifier en bénéficiant des avantages fiscaux du plan.

Plan d'épargne interentreprises (PEI)

Comme le PEE, le PEI permet aux salariés qui le souhaitent de se constituer, avec l'aide de leur entreprise, une épargne exonérée d'impôt investie en valeurs mobilières (FCPE).

Le PEI est ouvert à tous les salariés et, dans les entreprises de 1 à 100 salariés, aux mandataires sociaux. L'alimentation du plan dépend de la seule volonté du salarié d'y effectuer des versements. Les versements du salarié peuvent être complétés par un abondement de l'entreprise si celle-ci le souhaite.

La mise en place et l'alimentation d'un PEI obéissent aux mêmes conditions que celle du PEE mais il doit être obligatoirement négocié.

Les sommes sont placées selon les mêmes formes que pour le PEE, mais les dispositifs d'actionnariat salarié (fonds dédiés, actions ou titres de l'entreprise détenus directement) ne sont pas éligibles au PEI.

Plan d'épargne retraite collectif (PERCO)

Le PERCO est un plan d'épargne salariale dans lequel les sommes ou valeurs sont bloquées jusqu'au départ à la retraite, sauf dans un nombre limitatif de cas. À l'instar du PEE et du PEI, il est accessible à tous les salariés de l'entreprise.

Seule une durée minimale d'ancienneté peut être exigée dans l'accord portant règlement du PERCO : cette durée ne peut en aucun cas être supérieure à trois mois.

Les dirigeants et chefs d'entreprise comprenant habituellement au moins un salarié en sus du dirigeant lui-même et au plus 100 salariés ont également accès au PERCO.

Après le départ à la retraite, les sommes ou valeurs inscrites au compte du participant sont, à sa demande, versées sous forme de

© Éditions d'Organisation

rente viagère acquise à titre onéreux, selon les conditions fixées par l'accord collectif instituant le PERCO. Toutefois, l'accord peut également prévoir des modalités de délivrance en capital, en une fois ou de façon fractionnée : dans ce cas, chaque participant exprime son choix pour l'une ou l'autre modalité de délivrance au moment du déblocage et selon les conditions définies par l'accord.

L'accord peut aussi prévoir une possibilité de panachage entre les deux modes de sortie.

Un PERCO ne peut être mis en place que si les salariés ont la possibilité d'opter pour un placement plus court, au sein d'un PEE, d'un PEG ou d'un PEI. Le PERCO doit être obligatoirement institué par un accord collectif et ne peut pas être instauré unilatéralement par l'entreprise.

À la différence des autres plans d'épargne salariale, le PERCO doit obligatoirement proposer à ses adhérents au moins trois choix d'investissement dans une logique de diversification des risques. Il est souhaitable que le règlement du plan prévoie des possibilités d'arbitrage entre ces choix de placement. Le bénéficiaire doit aussi avoir la possibilité de placer son épargne dans des fonds investis en titres d'entreprises solidaires. Le PERCO ne peut pas servir de support à l'actionnariat salarié.

Par dérogation le versement au PERCO de la quote-part de la participation peut donner lieu à abondement. Ce versement n'est pas pris en compte pour l'appréciation du plafond de versement individuel de 25 % de la rémunération brute annuelle.

Comme pour le PEE, l'abondement de l'employeur ne peut excéder le triple du versement du salarié. Cependant, le plafond d'abondement est porté à 4 600 euros. Cette enveloppe d'abondement est distincte de celle du PEE. Les abondements au PERCO bénéficient des mêmes exonérations fiscales et sociales que les abondements au PEE. Cependant, la fraction de l'abondement qui, pour chaque salarié, est supérieure à 2 300 euros, montant égal au plafond de l'abondement du PEE, est assujettie à une taxe de 8,2 %.

© Éditions d'Organisation

L'intéressement et la participation dans le compte épargne-temps

Alimentation

Le compte épargne-temps (CET) peut être alimenté par les sommes perçues au titre de l'intéressement et, au terme de leur période d'indisponibilité, par les avoirs issus de la participation et du PEE.

- Les salariés ont la possibilité d'affecter au compte épargne-temps leur prime d'intéressement, à condition que la convention ou l'accord instituant le compte épargne-temps prévoie cette possibilité et que l'accord d'intéressement précise les modalités selon lesquelles le choix du salarié s'effectuera lors de la répartition de l'intéressement. En tout état de cause, l'affectation de l'intéressement sur le compte épargne-temps ne pourra être imposée au salarié par l'accord.
- L'accord créant un compte épargne-temps dans l'entreprise peut également prévoir qu'il sera alimenté par les sommes issues de la participation ou du plan d'épargne à l'issue de la période d'indisponibilité. Le versement au CET des sommes correspondantes, nettes des prélèvements sociaux dus sur les produits et plus-values de l'épargne salariale, doit ainsi être effectué aussitôt après l'expiration de la période d'indisponibilité.

Régime fiscal et social

- Les indemnités versées au salarié lors de la prise du congé (indemnités compensatrices) ainsi que les indemnités financières ne rémunérant pas un congé sont soumises aux cotisations et contributions sociales ainsi qu'à l'impôt sur le revenu sous réserve des précisions ci-après :
- Lorsque des droits à congé rémunéré ont été accumulés en contrepartie du versement au CET des sommes issues de l'intéressement, de la participation ou du PEE, les indemnités compensatrices correspondantes sont soumises à cotisations sociales, ainsi qu'aux taxes et participations assises sur les salaires (taxe d'apprentissage, participations des employeurs au développement de la formation professionnelle continue et à l'effort de construction et, le cas échéant, taxe sur les salaires) et elles sont exonérées de l'impôt sur le revenu des bénéficiaires.

© Éditions d'Organisation

Ainsi, la part des indemnités compensatrices ou financières correspondant aux sommes issues de l'épargne salariale est exonérée d'impôt sur le revenu. En revanche, la part des indemnités compensatrices ou financières correspondant aux autres sources d'alimentation du CET est soumise à l'impôt sur le revenu dans les conditions de droit commun.

- Dans la mesure où les sommes revenant aux salariés au titre de l'intéressement, de la participation ou de l'abondement dans le cadre du PEE sont normalement soumises aux contributions sociales (CSG et CRDS) au titre des revenus d'activité soit lors de la répartition entre les salariés (intéressement et participation), soit lors du versement de l'abondement sur le plan d'épargne, il n'y a pas lieu de soumettre de nouveau à ces contributions les indemnités compensatrices ou financières correspondantes.
- D'une manière générale, le traitement spécifique des sommes provenant de l'épargne salariale par rapport aux autres sources d'alimentation du compte épargne-temps (jours de congé, primes) nécessite de les isoler dans la gestion du compte dans un compartiment spécifique. À défaut, c'est la totalité des indemnités compensatrices ou financières versées au salarié notamment au moment de la prise du congé qui seraient soumises à l'ensemble des cotisations de Sécurité sociale, des contributions sociales et à l'impôt sur le revenu.

Lorsque la convention ou l'accord collectif prévoit que tout ou partie des droits affectés sur le CET est utilisé pour effectuer des versements sur un ou plusieurs PERCO, ceux de ces droits qui correspondent à un abondement en temps ou en argent de l'employeur sont exonérés de cotisations de Sécurité sociale et d'impôt sur le revenu dans la limite du plafond d'abondement de droit commun au PERCO de 4 600 euros.

© Éditions d'Organisation

Chapitre 6

La communication de l'intéressement et de la participation

AU MOMENT DE LA CONCLUSION DES ACCORDS

Intéressement

L'accord d'intéressement doit faire l'objet d'une note d'information reprenant le texte même de l'accord et remise à tous les salariés de l'entreprise, y compris à tout nouvel embauché. L'accord pourra également être affiché afin que chaque salarié puisse facilement en prendre connaissance.

Participation

Les accords de participation doivent déterminer les conditions dans lesquelles les salariés sont informés de l'application du régime de participation en vigueur dans l'entreprise.

Le personnel doit être informé de l'existence et du contenu de *l'accord de participation* par tout moyen prévu à cet effet (par exemple, remise du texte de l'accord à chaque salarié) et, à défaut, par voie d'affichage. Il est par ailleurs souhaitable, pour une meilleure information des salariés, lorsque l'accord prévoit que les droits acquis au titre de la participation sont versés dans un plan d'épargne

© Éditions d'Organisation

d'entreprise ou consacrés à l'acquisition de parts d'un fonds commun de placement, que le règlement du plan d'épargne d'entreprise et du fonds commun de placement soit joint à l'accord lors de la remise éventuelle de celui-ci aux salariés ou, à défaut de distribution aux salariés, affiché avec celui-ci. Cette information doit préciser les dispositions prévues par les accords en ce qui concerne notamment le mode de calcul et la nature des droits attribués au titre de la participation ainsi que les modalités de gestion de ces droits.

PEE

Lorsque le plan d'épargne n'est pas établi en vertu d'un accord avec le personnel, les entreprises sont tenues de communiquer la liste nominative de la totalité de leurs salariés à l'établissement financier auquel elles ont confié la tenue des comptes des adhérents. Cet établissement informe nominativement par courrier chaque salarié de l'existence d'un plan d'épargne d'entreprise dans l'entreprise.

Ces dispositions ne s'appliquent pas aux entreprises ayant remis à l'ensemble de leurs salariés une note d'information individuelle sur l'existence et le contenu du plan prévu par le règlement du plan d'épargne d'entreprise.

AU MOMENT DE L'AFFECTATION DES SOMMES

Intéressement

Lors du *versement de l'intéressement*, une fiche distincte du bulletin de paie est remise à chaque bénéficiaire indiquant le montant de la part qui lui revient. Cette fiche doit préciser le montant global de l'intéressement versé et le montant moyen, le montant des droits attribués à l'intéressé, les montants de la CSG et de la CRDS. Une annexe doit rappeler de manière claire les règles essentielles de calcul et de répartition prévues par l'accord. Ces documents doivent être aussi adressés aux salariés ayant quitté l'entreprise avant la mise en place de l'accord ou le calcul et la répartition des droits.

© Éditions d'Organisation

Par ailleurs, l'employeur doit demander son adresse au salarié quittant l'entreprise avant le versement des primes d'intéressement et l'informer qu'il y aura lieu pour lui d'aviser l'entreprise de ses changements d'adresse. Si le salarié ne peut être atteint, les sommes dues au titre de l'intéressement sont tenues à sa disposition par l'entreprise pendant une durée d'un an à compter de la date limite de versement. Passé ce délai, elles doivent être versées à la Caisse des dépôts et consignations où l'intéressé peut les réclamer jusqu'au terme de la prescription trentenaire.

Participation

Chaque salarié bénéficiaire doit recevoir, à l'occasion de toute répartition faite entre les membres du personnel, une fiche distincte du bulletin de paie et indiquant :

- le montant total de la RSP pour l'exercice écoulé ;
- le montant des droits individuels attribués ;
- le montant de la CSG et de la CRDS ;
- s'il y a lieu, l'organisme auquel est confiée la gestion de ces droits ;
- la date à partir de laquelle les droits seront négociables ou exigibles ;
- les cas dans lesquels ils peuvent être exceptionnellement liquidés ou transférés avant cette date.

Une note rappelant les règles de calcul et de répartition de la réserve est obligatoirement jointe à cette fiche.

TOUT AU LONG DE LA VIE DE L'ACCORD

Intéressement

Il est nécessaire que cette information soit effectuée de manière complète et régulière en adaptant la périodicité des communications aux représentants des salariés à celle retenue pour le calcul de l'intéressement. Les représentants du personnel vérifient l'exactitude du calcul et le respect des modalités de répartition prévues par l'accord. Ils peuvent

© Éditions d'Organisation

à cet effet demander toute précision et tout document utile pour procéder à cette vérification. Ils peuvent également, le cas échéant, avoir recours à un expert-comptable dans les conditions prévues à l'article L. 434-6 du Code du travail. Lorsque dans l'entreprise n'existent ni comité d'entreprise ni délégués du personnel, une commission *ad hoc*, comprenant des représentants des salariés spécialement désignés à cet effet, doit être mise en place pour assurer le suivi de l'application de l'accord. Ces modalités doivent être précisées dans l'accord.

Participation

Pour que le personnel soit informé des résultats d'ensemble de l'application dans l'entreprise des dispositions relatives à la participation, les accords doivent normalement organiser les modalités de cette information collective. Ainsi, dans le délai de six mois suivant la clôture de chaque exercice, l'employeur doit présenter un rapport au comité d'entreprise ou à la commission spécialisée. Ce rapport doit notamment comporter les éléments servant de base au calcul du montant de la réserve spéciale de participation des salariés pour l'exercice écoulé et des indications précises sur la gestion et l'utilisation des sommes affectées à cette réserve, notamment sur l'utilisation qui en a été faite lorsqu'elles sont placées en comptes courants bloqués (CCB). Lorsque le comité d'entreprise est appelé à siéger pour examiner ce rapport, les questions ainsi examinées doivent faire l'objet de réunions distinctes ou d'une mention spéciale à son ordre du jour. Dans tous les cas où il n'existe pas de comité d'entreprise, ce rapport doit être présenté aux délégués du personnel et adressé à chaque salarié présent dans l'entreprise à l'expiration du délai de six mois suivant la clôture de l'exercice. Le comité d'entreprise et les délégués du personnel peuvent se faire assister par un expert-comptable dont la rémunération est assurée par l'entreprise.

PEE

Lorsque les sommes provenant de l'intéressement et de la participation sont versées dans un PEE, chaque salarié doit disposer d'une

© Éditions d'Organisation

information sur la composition et la valorisation de son portefeuille de valeurs mobilières.

La tenue du registre des avoirs des salariés est effectuée par l'entreprise ou, sous sa responsabilité, par un délégataire dont les coordonnées (nom, adresse...) sont données dans le règlement du plan. Ce registre comporte pour chaque adhérent la ventilation des investissements réalisés et les délais d'indisponibilité restant à courir. Une copie du relevé des actions ou des parts appartenant à chaque adhérent est adressée au moins une fois par an aux intéressés avec l'indication du solde de leur compte.

Lorsque l'adhérent modifie l'affectation de son épargne, le teneur du registre ou le teneur de compte conservateur lui adresse un avis d'opéré lui confirmant l'opération effectuée (nombre de titres acquis ou cédés et leur prix). Afin de donner aux adhérents au plan la possibilité de suivre facilement la valorisation de leur portefeuille, les notices des OPCVM doivent indiquer les modalités selon lesquelles il est possible de consulter à tout moment la valorisation des parts ou actions concernées : lorsque cela est possible, il est recommandé de rendre cette information accessible de façon simple et confidentielle pour tous les adhérents (information en ligne, etc.).

S'agissant des actions ou parts d'OPCVM, leur valorisation est effectuée, dans les conditions précisées par le Conseil national de la comptabilité, sur la base de la valeur liquidative, calculée à partir de la valeur actuelle des instruments financiers détenus. S'agissant des actions non cotées de l'entreprise, l'entreprise doit communiquer au teneur de registre la valeur de ses titres au moment où est établi le relevé ou bien à la date de clôture de l'exercice.

Les conseils de surveillance des FCPE établissent un rapport annuel. Ils donnent notamment des indications sur la politique de gestion mise en œuvre, l'exercice des droits de vote, l'apport des titres détenus aux offres publiques d'achat ou d'échange, etc. Ils rendent compte également des modifications des règlements des fonds sur lesquels ils se sont éventuellement prononcés et des diligences effectuées le cas

© Éditions d'Organisation

échéant pour mieux apprécier la situation économique et financière de l'entreprise (fonds d'actionnariat salarié).

Les rapports annuels des FCPE donnent notamment des indications sur la prise en compte des considérations sociales, environnementales ou éthiques par la société de gestion. Les documents d'information périodique sont disponibles sur simple demande à la société de gestion ou chez le dépositaire de l'OPCVM.

AU MOMENT DU DÉBLOCAGE OU DU DÉPART DU SALARIÉ

Intéressement

Le salarié qui quitte l'entreprise reçoit une information sur l'intéressement qu'il n'a pas encore perçu ainsi qu'un état récapitulatif de ses avoirs. Cet état peut accompagner le certificat de travail remis par l'employeur au salarié à l'occasion de son départ. Il est inséré dans un livret d'épargne salariale (remis par le premier employeur qu'il quitte) sur tout support durable (imprimé, disquette, etc.).

Participation

Grâce à l'information périodique dont il dispose, le salarié connaît le montant de ses avoirs disponibles. Pour en avoir une vision instantanée, il peut prendre contact à tout moment avec le gestionnaire de ses avoirs par tout moyen mis à sa disposition.

Si l'accord de participation a été mis en place après que des salariés susceptibles d'en bénéficier ont quitté l'entreprise, ou que le calcul et la répartition de la RSP interviennent après un tel départ, les documents d'information doivent leur être adressés pour les informer de leurs droits. En outre, lorsqu'un salarié bénéficiaire quitte l'entreprise sans exercer son droit à déblocage ou avant que l'entreprise ait été en mesure de liquider, à la date de son départ, la totalité des droits dont il est titulaire, l'employeur doit lui remettre l'état

© Éditions d'Organisation

récapitulatif et, le cas échéant, une attestation indiquant la nature et le montant de ses droits ainsi que la date à laquelle seront répartis ses droits éventuels au titre de l'exercice en cours.

Lorsque le bénéficiaire ne peut être atteint à la dernière adresse indiquée par lui, les sommes auxquelles il peut prétendre sont conservées par l'entreprise pendant un an. Passé ce délai, ces sommes sont remises à la Caisse des dépôts et consignations où l'intéressé peut les réclamer pendant trente ans.

Le livret d'épargne salariale – LES

Information donnée au salarié lorsqu'il quitte l'entreprise : le LES doit permettre à l'adhérent (ou à ses ayants droit) d'obtenir plus facilement le remboursement ou le transfert des sommes épargnées au sein de l'entreprise. Outre les états récapitulatifs des avoirs et une attestation indiquant la nature et le montant des droits liés à la RSP ainsi que la date à laquelle seront répartis ses droits éventuels au titre de l'exercice en cours, il comporte un rappel des dispositions suivantes :

- versements et transferts ;
- cas de déblocage anticipé de la participation et du plan d'épargne d'entreprise ;
- cas de déblocage anticipé du plan d'épargne pour la retraite collectif (PERCO) ;
- conservation des avoirs.

L'état récapitulatif comporte les informations et mentions suivantes :

- l'identification du bénéficiaire ;
- la description de ses avoirs acquis ou transférés dans l'entreprise par accord de participation et plans d'épargne dans lesquels il a effectué des versements, avec mention le cas échéant des dates auxquelles ces avoirs sont disponibles ;
- l'identité et l'adresse du (ou des) teneurs(s) de registre et du (ou des) teneur(s) de compte conservateur(s) auprès desquels le bénéficiaire a un compte.

© Éditions d'Organisation

Conclusion

Intéressement, management et participation

Ainsi, dans la longue histoire de la réflexion et des expérimentations sur les liens qui unissent la contribution des salariés et la rétribution de leurs efforts, l'intéressement et la participation représentent des jalons essentiels. Mais ils sont, bien au-delà des montages juridiques et financiers qu'ils représentent, une occasion de renforcer le dialogue au sein de l'entreprise entre tous ses acteurs et de développer un mode de management appuyé sur la volonté de progrès et la reconnaissance des efforts collectifs. Même s'ils obéissent à des modalités différentes, l'intéressement et la participation sont, de façon souvent complémentaire, à la fois au carrefour des intérêts bien compris et au centre de la dynamique du partage dans l'entreprise.

LE CARREFOUR DES INTÉRÊTS BIEN COMPRIS

- Par nature négociés dans l'entreprise, intéressement et participation associent les différentes approches des acteurs de l'entreprise. Les accords doivent tenir compte à la fois des contraintes de l'entreprise, des problématiques des partenaires sociaux et des aspirations légitimes des salariés. En ce sens, c'est une occasion de dialogue sur les principes et les modalités des accords et, au-delà, un exercice de méthode de résolution de problème.

© Éditions d'Organisation

- Ils se fondent sur la notion de progrès. Pour l'intéressement, tous les critères retenus dans l'accord doivent se fonder sur une amélioration des paramètres retenus. Pour la participation, même si la relation au progrès est plus financière et « désincarnée », elle est néanmoins sous-jacente par ses références au résultat et à la valeur ajoutée. Tout accord porte donc en lui-même la marque d'une dynamique collective de mobilisation sur des performances et des objectifs.
- Ils combinent l'économique et le social : vouloir partager les succès et les performances entre tous ceux qui s'y sont associés est en soi une volonté sociale stratégique, quel que soit le choix des critères retenus, même lorsqu'ils sont apparemment de nature strictement économique.
- Même si la liberté de choix des critères est plus grande en matière d'intéressement et permet plus facilement cette expression, les possibilités offertes dans la répartition des sommes dégagées permettent, dans les deux cas un exercice de réflexion et de négociation sur les valeurs d'équité et de partage.
- Ils peuvent alimenter un « turbo » financier. La possibilité d'affecter les sommes issues de l'intéressement et de la participation à un PEE ou un PERCO et de bénéficier ainsi d'une gestion avantageuse des sommes placées – éventuellement augmentées à ce titre d'un abondement de l'entreprise – constitue pour les salariés une alternative intéressante par rapport à la majorité des formes de placement classiques proposées sur le marché.
- Ils peuvent faciliter la préparation de l'avenir. Les dispositions relatives à la préparation de la retraite (PERCO) et à la gestion du temps de travail (CET) permettent d'affecter les sommes issues de l'intéressement et de la participation à ces mécanismes de financement d'opérations futures.
- Ils bénéficient d'une mansuétude fiscale et sociale. Exonérées de charges sociales dans certaines limites, les sommes issues de la participation et de l'intéressement ne sont taxées qu'au titre de la CSG et de la CRDS si elles sont placées dans un véhicule d'épargne salariale.

© Éditions d'Organisation

LA DYNAMIQUE DU PARTAGE

- Intéressement et participation invitent à une meilleure compréhension de la vie de l'entreprise. Loin d'être seulement une attente de résultat, la pratique des critères de l'intéressement est un entraînement à l'analyse des causes de la performance et l'explication pédagogique de la formule mystérieuse de la participation donne des clés pour se familiariser avec les concepts de base de la vie de l'entreprise que sont la valeur ajoutée, le résultat ou les capitaux propres.
- Ils rythment le développement de l'entreprise : reflets – partiels mais symptomatiques – des grands enjeux de l'entreprise, les indicateurs de l'intéressement racontent à leur façon ses succès et ses progrès. La formule du calcul de la réserve spéciale de participation reflète en partie l'état de santé financier de l'entreprise Leur rapprochement témoigne de l'histoire immédiate partagée par l'ensemble des acteurs de l'entreprise.
- Tous ces éléments font de l'intéressement et de la participation un sujet central et naturel de communication dans l'entreprise. À condition que les indicateurs de l'intéressement aient été choisis judicieusement, c'est-à-dire sur des sujets proches de la vie quotidienne des collaborateurs ou sur des sujets d'intérêt collectif, et à condition que la participation n'ait pas été négociée et appliquée comme une contrainte extérieure et pesante, la communication à l'intérieur des services et des équipes trouve un aliment naturel et structuré dans la relation entre les efforts de terrain et les résultats collectifs. Pour tirer tous les avantages managériaux de cette opportunité, il faut utiliser deux atouts que possède, cachés ou exprimés, toute entreprise aujourd'hui : mettre comme priorité de la dynamique sociale la clarté et la permanence de l'information économique, et faire confiance à l'encadrement de proximité pour nourrir le dialogue avec l'ensemble des salariés, ce qui est – et n'aurait jamais dû cesser d'être – une de ses responsabilités majeures.

© Éditions d'Organisation

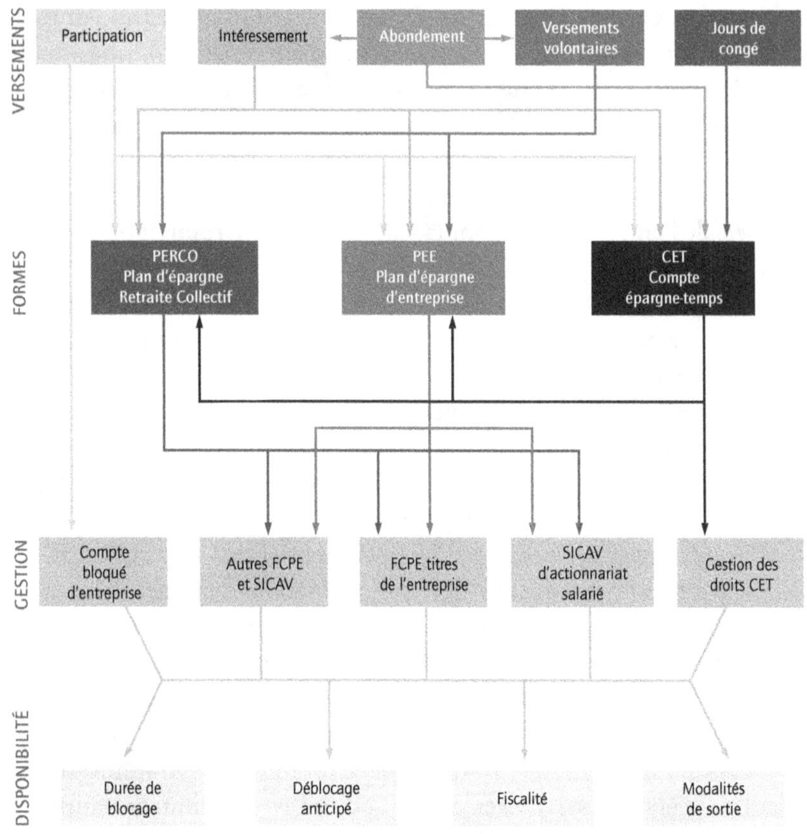

© Éditions d'Organisation

ANNEXES

EXEMPLE D'ACCORD D'INTÉRESSEMENT (SIGNATURE AVEC LES ORGANISATIONS SYNDICALES)

PARTIES SIGNATAIRES

Entre :

La Société… ayant son siège au… inscrite au Registre du Commerce et des Sociétés de… sous le numéro… représentée par M… en sa qualité de…, dûment habilité, (ci-après désignée la « Société »),

D'une part,

Et :

Les organisations syndicales représentatives de salariés signataires mentionnées en dernière page du présent accord,

D'autre part,

(La Société et les organisations syndicales représentatives de salariés étant collectivement dénommées les « Parties » et individuellement une « Partie ».)

ARTICLE 1. PRÉAMBULE

Rappel historique des négociations

En conséquence de quoi, il a été conclu le présent accord d'intéressement (ci-après « l'Accord ») des salariés aux résultats de l'entreprise en application des articles L. 441-1 à L. 441-7 et R. 441-1 à R. 441-3, R. 443-4, R. 443-8, R. 444-1 du Code du travail.

Objectifs généraux

La préoccupation principale des Parties a été de définir des critères communs à l'ensemble de la Société, tenant compte des évolutions économiques et sociales de la Société, en phase avec les enjeux majeurs de l'entreprise dans le cadre de son plan.

Ainsi, les nouveaux critères prennent encore plus en compte la contribution de chacun des collaborateurs, en vue d'une amélioration des performances de la Société.

Il doit permettre d'intéresser financièrement les salariés à ce progrès en liant le plus directement possible leur activité aux résultats économiques obtenus.

© Éditions d'Organisation

La répartition de l'intéressement se fera proportionnellement au salaire annuel de base augmenté de la prime d'ancienneté de chacun, ce qui représente une mesure de la contribution de chacun à la formation des résultats.

Consultation du comité central d'entreprise

Le comité central d'entreprise a été consulté lors de sa réunion du…

Champ d'application

Le présent accord s'applique indistinctement dans tous les établissements de la Société.

Bénéficiaires

Les membres du personnel bénéficiant de l'intéressement afférent à un exercice (ci-après les « Bénéficiaires ») sont tous les salariés comptant au moins trois mois d'ancienneté dans la Société.

Cette ancienneté est appréciée à la fin de l'exercice ou à la date de cessation du contrat de travail en cas de départ du salarié au cours d'un exercice.

Elle peut résulter de l'addition de périodes de services continues ou non.

Les périodes de simple suspension du contrat de travail ne sont pas déduites pour le calcul de l'ancienneté.

ARTICLE 2. CALCUL DE L'INTÉRESSEMENT

Critères

Le calcul de l'intéressement pour un exercice fiscal est fondé sur un certain nombre de critères [1] :

- un critère mesurant l'activité de l'Entreprise : le chiffre d'affaires consolidé ;
- un critère mesurant la performance opérationnelle de l'Entreprise : l'EBIT social (ou résultat opérationnel) ;
- un critère mesurant l'efficacité de son organisation : les frais généraux ;
- un critère mesurant la performance industrielle, l'efficacité industrielle ;
- un critère mesurant la performance du service aux clients (le délai de livraison ou le taux de réalisation planning).

Chacun de ces critères peut être affecté d'un coefficient de pondération.

Amplitude de l'intéressement

Le principe général est d'accorder un pourcentage d'attribution de la prime d'intéressement en fonction du taux de réalisation des objectifs.

1. À titre d'exemple.

© Éditions d'Organisation

Échelles de calcul

Compte tenu de la diversité des critères, il y a une échelle de calcul spécifique à chacun des critères. À chaque objectif fixé correspond à un taux de réalisation (TR) de... % et un pourcentage d'attribution de la prime d'intéressement (I) de... % pour le critère considéré.

Détermination des objectifs

La mesure des résultats de certains de ces critères est fondée sur des objectifs budgétaires, d'autres sur des réalisations par rapport à l'année précédente. Dans le cadre du processus budgétaire de la Société, les objectifs annuels quantifiant les objectifs à atteindre seront communiqués par la Société au début de chaque exercice fiscal, et feront l'objet, après concertation, d'un avenant au présent accord.

Pour chaque critère, le taux de réalisation (TR) est exprimé sous la forme du rapport entre la réalisation constatée en fin d'exercice fiscal et l'objectif fixé pour cet exercice.

Puis selon le taux de réalisation calculé, le pourcentage d'attribution de la prime d'intéressement (I) applicable au critère considéré sera calculé de manière proportionnelle.

Définition des critères[1]

- Chiffre d'affaires consolidé. Ce critère est mesuré au travers de deux indicateurs. Chacun de ces indicateurs est affecté d'un coefficient de pondération. L'échelle permettant de calculer le taux de réalisation et le pourcentage d'attribution de la prime est indiquée en annexe. Pour ce critère de chiffre d'affaires consolidé, un indicateur plus fort est significatif d'une plus grande activité de l'entreprise et donc d'une meilleure performance.
- Résultat opérationnel
  L'échelle permettant de calculer le taux de réalisation et le pourcentage d'attribution de la prime est indiquée en annexe.
  Pour ce critère, un indicateur plus fort est significatif d'un meilleur résultat opérationnel et donc d'une meilleure performance.
  Le critère résultat opérationnel est affecté d'un coefficient de pondération indiqué dans la table de pondération en annexe.
- Frais généraux
  La décomposition des frais généraux est indiquée en annexe.
  Pour ce critère de frais généraux, un indicateur plus faible est significatif d'une meilleure gestion des dépenses liées aux frais généraux et donc d'une meilleure performance.
  Le critère de frais généraux est affecté d'un coefficient de pondération indiqué dans la table de pondération en annexe.
- Efficacité industrielle
  Ce critère est mesuré au travers de plusieurs indicateurs. Pour le cri-

1. À titre d'exemple.

© Éditions d'Organisation

tère de *performance industrielle,* il y a progrès par rapport à l'objectif lorsque le taux de réalisation de l'objectif est inférieur à 100 %. (Par exemple, besoin de moins d'heures de main-d'œuvre directe que prévu pour la production.)

L'objectif de performance industrielle concerne l'ensemble de la société (correspondant à… % de prime). Il sera décomposé site par site selon le volume d'activité budgété pour effectuer le mode de calcul et le pourcentage d'attribution de la prime.

Sa mesure est le rapport entre le total des heures annuelles main-d'œuvre directe de fabrication et de conditionnement, et le total des volumes annuels des expéditions.

Un critère de *productivité* est également établi par site.

- Service aux clients

  Ce critère est mesuré au travers de deux indicateurs (délai de livraison et taux de réalisation planning global). Chacun de ces deux indicateurs est affecté d'un coefficient de pondération.

Calcul du montant de l'intéressement à répartir

Le montant de l'intéressement pour l'exercice fiscal à répartir sera le produit de la somme des pourcentages d'attribution de la prime applicables au titre de chaque critère pondéré de leur importance relative, par la masse salariale prise en compte.

Principe de répartition

La répartition de l'intéressement entre les Bénéficiaires se fera proportionnellement aux salaires individuels pris en compte.

ARTICLE 3. VERSEMENT DE L'INTÉRESSEMENT

Principe

Le calcul de l'intéressement est annuel et porte sur la durée totale de l'exercice fiscal de référence.

Toutefois la Société versera des acomptes au terme de chacun des trois premiers trimestres de l'exercice fiscal de référence et procédera à une régularisation à la fin de chaque exercice.

Acomptes

Pour chacun des trois premiers trimestres le montant des acomptes sera calculé sur la base d'un taux provisoire d'intéressement qui est défini à partir des réalisations de la partie écoulée de l'exercice fiscal par rapport aux objectifs budgétaires mensuels cumulés sur cette période. Par précaution, il ne sera retenu que 80 % du taux provisoire d'intéressement ainsi déterminé.

Ce taux sera appliqué sur les salaires payés pendant la partie écoulée de l'exercice fiscal.

Pour chacun des deuxième et troisième trimestres, le montant des

© Éditions d'Organisation

acomptes versés au titre du ou des trimestre(s) précédent(s) sera déduit.

Toutefois, après information de la commission de suivi de l'intéressement, la Société se réserve le droit d'adapter le montant de ces acomptes, notamment pour tenir compte des perspectives économiques qui pourraient évoluer dans un sens défavorable au cours de l'exercice fiscal de référence.

Régularisation annuelle

À la fin de chaque exercice fiscal, une fois déterminés les résultats définitifs et calculé l'intéressement annuel, le solde de l'intéressement revenant à chaque Bénéficiaire sera versé.

Dans l'hypothèse où la somme des acomptes excéderait le montant annuel de l'intéressement, l'excédent serait remboursé ou bien perdrait son caractère d'intéressement et serait alors considéré comme un salaire, supportant donc tous les prélèvements sociaux obligatoires. Les régularisations nécessaires seraient faites tant sur les bulletins d'intéressement que sur les bulletins de paie.

Dates de versement des acomptes et de la régularisation annuelle

Le versement des primes d'intéressement interviendra au plus tard le 23 du troisième mois suivant la fin de chaque trimestre.

ARTICLE 4. AFFECTATION DE L'INTÉRESSEMENT

Principe

Les primes d'intéressement peuvent être versées au plan d'épargne d'entreprise (PEE) une fois opérés les prélèvements obligatoires de toute nature prévus par la réglementation en vigueur au moment de leur versement et, selon le choix individuel de chaque Bénéficiaire, soit :

- immédiatement par virement sur son compte bancaire ;
- en son nom, au PEE, pour placement dans l'un des fonds commun de placement (FCP) de ce PEE.

Exercice de l'option

Les Bénéficiaires peuvent opter pour l'une ou l'autre des affectations possibles, ou indiquer la part des primes qu'ils souhaitent percevoir immédiatement et celle qu'ils veulent investir dans l'un ou l'autre des FCP. Cette désignation est normalement faite pour la durée de l'exercice fiscal. Pour ce faire la Société remettra à chaque Bénéficiaire une note explicative lui permettant d'exercer son choix qui est normalement fait pour la durée de l'exercice fiscal.

À défaut d'avoir exercé un choix dans le délai prévu par la note susvisée, les sommes seront versées immédiatement par virement sur leur compte bancaire.

© Éditions d'Organisation

Si le Bénéficiaire a opté pour le versement au PEE mais sans toutefois préciser le FCP de son choix, les sommes seront orientées vers le FCP désigné dans le règlement du PEE pour l'affectation des sommes pour lesquelles aucun choix n'est fait.

Dans le cas où le Bénéficiaire souhaiterait néanmoins modifier son choix à l'occasion de l'un des versements, il pourra le faire en retournant, dans les délais fixés, à la Société gestionnaire des fonds, le coupon prévu à cet effet qui lui aura été adressé par cette même Société.

Information des salariés

Information collective

Un avis informant les salariés de la conclusion du présent accord sera affiché dans les conditions habituelles d'affichage des informations au sein de la Société. Cet avis indiquera les conditions dans lesquelles il sera possible de se procurer une notice résumée ou le texte complet du présent accord.

ARTICLE 5. SUIVI

L'application du présent accord sera suivie par une commission spécialisée du Comité Central d'Entreprise (CCE), constituée de… membres titulaires et d'un nombre au plus égal de représentants de la Société choisis en raison de leur compétence en la matière. En cas d'absence de l'un des membres titulaires de la commission, celui-ci pourra être remplacé par un suppléant désigné par le CCE.

La commission se réunira trimestriellement et sera présidée par… ou ses délégataires.

Le calendrier des réunions de la commission sera fixé au début chaque exercice fiscal.

À ces occasions, elle examinera toutes les informations utiles au calcul de l'intéressement lui permettant de vérifier les modalités d'application de l'accord.

Ces informations seront tenues à sa disposition au moins 5 jours avant la date prévue pour la réunion.

Information individuelle

Une notice d'information sur l'accord d'intéressement sera remise à l'ensemble du personnel de la Société.

Toute répartition individuelle fera l'objet d'une fiche distincte de la feuille de paie. Cette fiche comportera en annexe, une note rappelant les règles de calcul et de répartition de l'intéressement, telles qu'elles résultent du présent accord et mentionnera notamment le montant global de l'intéressement, le montant moyen perçu par les Bénéficiaires, la part qui revient au salarié, ainsi que le montant retenu au titre des prélèvements obligatoires.

© Éditions d'Organisation

Cas du départ d'un bénéficiaire

Lorsqu'un bénéficiaire quitte la Société avant que celle-ci ait été en mesure de calculer l'intéressement lui revenant pour l'exercice considéré :

- il lui est remis un état récapitulatif de l'ensemble des sommes et valeurs mobilières épargnées. Cet état distingue les actifs disponibles en mentionnant tout élément utile au Bénéficiaire pour en obtenir la liquidation ou le transfert et en précisant les échéances auxquelles ces actifs seront disponibles ;
- il lui est demandé l'adresse à laquelle l'intéressement devra lui être versé. À défaut d'information particulière, les sommes lui revenant seront adressées au dernier domicile connu.
- il sera informé :
  - qu'il devra aviser la Société de ses changements d'adresse tant que ne seront pas soldés ses droits, et, le cas échéant, le compte sur lequel les sommes correspondantes devront lui être versées ;
  - que s'il ne peut être atteint à la dernière adresse indiquée par lui, les droits auxquels il peut prétendre seront tenus à sa disposition par la Société pendant une durée d'un an à compter de la date limite de versement de l'intéressement, et que passé ce délai, ils seront remis à la Caisse des dépôts et consignations où l'intéressé pourra les réclamer jusqu'au terme de la prescription trentenaire.

ARTICLE 6. PRISE D'EFFET ET DURÉE DE L'ACCORD

L'exercice fiscal de la Société s'étend actuellement du... au... Le présent accord s'appliquera pour la première fois aux résultats de l'exercice ouvert le... et devant se terminer le... Il est conclu pour une durée de trois exercices, c'est-à-dire jusqu'à une date actuellement fixée au...

Les salaires et les plafonds utilisés pour le calcul de l'intéressement seront donc calculés sur l'exercice fiscal.

S'il arrivait que les dates de l'exercice fiscal de la Société changent dans l'avenir, les nouvelles dates seraient alors substituées d'office à celles indiquées ci-dessus, de sorte que les périodes de calcul s'en trouveraient raccourcies ou allongées, pour que l'accord s'applique toujours à des exercices fiscaux complets.

ARTICLE 7. RÈGLEMENT DES DIFFÉRENDS

Les contestations pouvant naître de l'application du présent accord, et d'une manière générale tous les problèmes relatifs à l'intéressement des salariés, sont réglées selon les procédures contractuelles ci-après définies.

Principe

Afin d'éviter de recourir aux tribunaux, les Parties conviennent, en cas de désaccord constaté sur l'application

© Éditions d'Organisation

du présent accord, de mettre en œuvre une tentative de règlement amiable.

Application

Dans un délai de quinze jours à compter du constat du différend, les Parties choisiront chacune un professionnel dont la mission, exercée conjointement par eux, consistera à tenter de concilier les Parties.

Si la conciliation aboutit, il sera dressé un constat d'accord signé par les Parties. Si la conciliation ne peut aboutir dans un délai d'un mois à compter de la désignation des conciliateurs, ces derniers établiront un procès-verbal de non-conciliation et chacune des Parties aura alors la possibilité de saisir les tribunaux compétents.

ARTICLE 8. DÉNONCIATION ET/OU RÉVISION DE L'ACCORD

Le présent accord pourra être dénoncé à tout moment par accord entre les Parties contractantes dans les conditions et modalités prévues par la loi.

En particulier, les Parties pourront dénoncer le présent accord au cas où des textes légaux ou réglementaires viendraient à modifier l'économie du régime d'intéressement. Les Parties se concerteront alors de bonne foi et feront toute diligence pour analyser la nouvelle situation ainsi créée.

La dénonciation doit faire l'objet d'un dépôt auprès du directeur départemental du travail, de l'emploi et de la formation professionnelle dépositaire du présent accord.

Par ailleurs, les Parties pourront réviser l'accord pendant sa période d'application, d'un commun accord, notamment au cas où ses modalités de mise en œuvre n'apparaîtraient plus conformes aux principes ayant servi de base à son élaboration, si des ajustements à ses dispositions s'avéraient nécessaires ou dans le cas d'un changement du périmètre des activités de la Société qui aurait pour conséquence une variation substantielle des critères retenus pour son application.

Toute modification des termes du présent accord devra faire l'objet d'un avenant conclu dans les mêmes formes que l'accord lui-même. L'éventuel avenant en question devra être conclu dans les six premiers mois de l'exercice au cours duquel il doit prendre effet.

ARTICLE 9. ÉVOLUTION DE L'ACCORD

Les dispositions du présent accord s'inscrivent dans le cadre de la législation et de la réglementation, tant sociale que fiscale, en vigueur à la date de sa conclusion. La Société ne prend aucun engagement au sujet de leur maintien et toute modification par les pouvoirs publics des règles relatives à l'intéressement s'imposera sans délai aux Parties ou dans les conditions prévues par ces éventuelles nouvelles dispositions.

© Éditions d'Organisation

Article 9. Dépôt de l'accord

Le présent accord sera déposé en cinq exemplaires à la direction départementale du travail, de l'emploi et de la formation professionnelle du lieu de sa conclusion et en un exemplaire au secrétariat greffe du conseil de prud' hommes du lieu de sa conclusion.

Copie en sera également communiquée au secrétaire du CCE, aux membres titulaires et suppléants des comités d'établissement ainsi qu'aux délégués du personnel, titulaires et suppléants.

Article 10. Signataires de l'accord

Fait à… le… en… exemplaires pour les formalités de publicité et un pour chaque signataire.

Pour La Société

M.

Titre

Signature

Pour les organisations syndicales, les délégués syndicaux

Organisation syndicale…

Établissement

Nom

Signature

Annexes :

Table de pondération des critères et indicateurs

Échelles de calcul

Modalités de calcul du pourcentage d'attribution de la prime d'intéressement pour un critère

Décomposition des critères

Liste des établissements concernés par le présent accord

© Éditions d'Organisation

EXEMPLE D'ACCORD DE PARTICIPATION AUX RÉSULTATS (GESTION SOUS FORME DE FCPE)

1/Entre :

La Société... ayant son siège au... inscrite au Registre du Commerce et des Sociétés de... sous le numéro... représentée par M... en sa qualité de..., dûment habilité, (ci-après désignée la « Société »),

d'une part,

Et :

Les organisations syndicales représentatives de salariés signataires mentionnées en dernière page du présent accord,

d'autre part.

(la Société et les organisations syndicales représentatives de salariés étant collectivement dénommées les « Parties » et individuellement une « Partie »)

2/Entre :

La Société... ayant son siège au... inscrite au Registre du Commerce et des Sociétés de... sous le numéro... représentée par M... en sa qualité de..., dûment habilité,

(ci-après désignée la « Société »),

d'une part,

Et :

Le Comité d'entreprise représenté par M... Délégation (ou le secrétaire) ayant reçu mandat à cet effet lors de la réunion du...d'autre part.

3/Entre :

La Société... ayant son siège au... inscrite au Registre du Commerce et des Sociétés de... sous le numéro... représentée par M... en sa qualité de..., dûment habilité,

(ci-après désignée la « Société »),

d'une part,

© Éditions d'Organisation

Et :

Le personnel ayant ratifié, à la majorité des deux tiers, un projet d'accord proposé par le chef d'entreprise.

d'autre part.

Le cas échéant, conjointement avec les organisations syndicales suivantes :

Le Syndicat… représenté par… en sa qualité de…

Le comité d'entreprise représenté par M…

Délégation (ou le secrétaire) ayant reçu mandat à cet effet lors de la réunion du…

d'autre part,

(🕮 *Dans l'hypothèse d'une ratification de l'accord à la majorité des deux tiers du personnel, cette ratification doit être demandée conjointement par le chef d'entreprise et les syndicats représentatifs et/ou le comité d'entreprise s'il existe.*)

Il est convenu ce qui suit en vue de l'application au personnel de la société dans le cadre du titre IV du Code du travail.

Article 1. Préambule

Conformément à l'article L. 442-1 du Code du travail, visant les entreprises employant habituellement au moins cinquante salariés, la Société est tenue de faire participer ses salariés aux résultats de l'entreprise.

La participation est liée aux résultats de l'entreprise ; elle existe en conséquence dans la mesure où ces derniers permettent de dégager une réserve de participation positive.

Cet accord détermine en particulier la nature et les modalités de gestion des droits que les membres du personnel de la Société recevront au titre de la réserve spéciale de participation constituée en application des articles L. 442-1 et suivants du Code du travail.

Article 2. Calcul de la réserve spéciale de participation

Le calcul de la réserve spéciale de participation (RSP) s'effectue conformément à l'article L. 442-2 OU L. 442-3 du Code du travail.

Elle s'exprime par la formule suivante (formule de calcul de droit commun) :

© Éditions d'Organisation

$$1/2\ (\text{bénéfice net} - 5\ \%\ \text{capitaux propres}) \times \frac{\text{salaires bruts}}{\text{valeur ajoutée}}$$

Bénéfice net de l'entreprise, réalisé en France et les départements d'outre-mer tel qu'il est retenu pour être imposé au taux de droit commun de l'impôt sur les sociétés, diminué de l'impôt correspondant et éventuellement augmenté du montant de la provision pour investissement.

Le montant du bénéfice net est attesté par l'ispecteur des impôts ou par le commissaire aux comptes de la Société.

Les capitaux propres de l'entreprise comprennent le capital social, les primes liées au capital social, les réserves, le report à nouveau, les provisions ayant supporté l'impôt ainsi que les provisions réglementées constituées en franchise d'impôts par application d'une disposition particulière du Code général des impôts ; leur montant est retenu d'après les valeurs figurant au bilan de clôture de l'exercice au titre duquel la réserve spéciale de participation est calculée.

Toutefois en cas d'augmentation du capital encours d'exercice, le montant du capital et des primes liées au capital social est pris en compte *prorata temporis*.

Leur montant est attesté par l'inspecteur des impôts ou le commissaire aux comptes de la Société.

Les salaires bruts sont ceux versés au cours de l'exercice au titre duquel la participation est provisionnée, et déterminés selon le calcul des rémunérations au sens de l'article L. 242-1 du code de la Sécurité sociale.

La valeur ajoutée de l'entreprise est déterminée en faisant le total des postes du compte de résultats énumérés ci-après :

- charges de personnel ;
- impôts, taxes et versements assimilés, à l'exclusion des dotations figurant dans les taxes sur le chiffre d'affaires ;
- charges financières ;
- dotations de l'exercice aux amortissements ;
- dotations de l'exercice aux provisions, à l'exclusion des dotations figurant dans les charges exceptionnelles ;
- résultat courant avant impôt.

ARTICLE 3. BÉNÉFICIAIRES ET RÉPARTITION

Les bénéficiaires de la répartition de la réserve spéciale de participation sont les salariés ayant au moins trois mois d'ancienneté dans l'entreprise (cette durée de trois mois peut être minorée et même supprimée mais non majorée).

La réserve spéciale de participation est répartie entre les salariés bénéficiaires, proportionnellement au salaire perçu

© Éditions d'Organisation

par chaque salarié au cours de l'exercice de référence.

Le salaire servant de base de calcul à la répartition n'est pas pris en compte, pour chaque bénéficiaire, que dans la limite d'une somme égale à quatre fois le plafond annuel retenu pour la détermination du montant maximum des cotisations de Sécurité sociale.

En tout état de cause, aucun calcul n'est effectué sur une somme inférieure à un salaire dit « plancher » de… euros :

- uniformément entre les salariés ;
- proportionnellement au temps de présence dans l'exercice. Les congés maternité et d'adoption, ainsi que les absences provoquées par un accident de travail ou une maladie professionnelle sont assimilés à des périodes de présence. La RSP est calculée pour ces périodes sur le salaire qui aurait été versé si le salarié avait travaillé ;
- par combinaison des critères précédents.

Le montant des droits susceptibles d'être attribués à un bénéficiaire ne peut, pour un même exercice, excéder une somme égale aux trois quarts du plafond annuel moyen de la Sécurité sociale.

Les sommes qui, en application du second plafond ci-dessus, ne pourraient être mises en distribution, demeureraient dans la RSP, pour être réparties au cours des exercices ultérieurs.

(Variante conseillée :
Les sommes excédentaires qui résulteront, éventuellement, de l'application du second plafond ci-dessus, seront immédiatement réparties entre les salariés n'atteignant pas ce deuxième plafond.)

Lorsqu'un bénéficiaire n'a pas accompli une année entière de présence dans l'entreprise, les plafonds sont calculés au prorata de la durée de présence.

ARTICLE 4. MODALITÉS DE GESTION DES DROITS ATTRIBUÉS AUX SALARIÉS

Les sommes constituant la RSP sont investies, après prélèvement de la CSG et de la CRDS, en parts du FCPE.

Ce FCPE, créé dans le cadre de l'article L. 214-39 du Code monétaire et financier, est géré par la Société de gestion…

Ces sommes devront être versées avant le premier jour du quatrième mois suivant la clôture de l'exercice social de la société sur un compte ouvert dans les livres de la banque… dont le siège social est situé…, agissant en tant qu'établissement dépositaire.

Passé ce délai, elles seront majorées d'un intérêt de retard dont le taux est fixé à partir du taux moyen de rendement des obligations des sociétés

© Éditions d'Organisation

publié par le ministère de l'Économie majoré de 33 %. Cet intérêt de retard court jusqu'à une date de remise effective de ces sommes à l'établissement dépositaire.

Ces sommes, y compris les intérêts de retard éventuels, sont immédiatement employées en parts et fractions de parts du FCPE.

Le choix d'un autre organisme de placement ou d'une forme différente d'emplois de la RSP pourra intervenir ultérieurement, d'un commun accord entre les parties signataires dans les conditions prévues par la réglementation alors applicable.

Éventuellement, choix de l'option :
Les salariés bénéficiaires de la RSP exprimeront par la voie d'un questionnaire individuel, le choix du ou des fonds sur le(s) quel(s) ils souhaitent voir affecter les sommes qui leur sont dues. Pour ceux d'entre eux qui n'auront pas fait part de leur désir d'affectation dans le délai imparti, la somme leur revenant au titre de la participation sera versée sur le FCPE…

Les porteurs de parts d'un FCPE pourront demander le transfert de tout ou partie de leurs avoirs vers un autre FCPE. Ce transfert est effectué à la première date de la valeur liquidative qui suit la demande. L'opération ainsi réalisée sera sans effet sur la durée de blocage.

Les frais d'arbitrage seront à la charge soit des salariés, soit de l'entreprise.

Le choix d'un autre organisme de placement ou d'une forme différente d'emplois de la RSP pourra intervenir ultérieurement, d'un commun accord, entre les parties signataires dans les conditions prévues par la réglementation alors applicable.

Option pour investissement en compte courant bloqué :
Les sommes constituant la RSP, à l'exception de celles n'atteignant pas environ 38 euros par personne versées directement aux intéressés, sont affectées à un fonds que l'entreprise consacrera à des investissements. Les salariés ont sur l'entreprise un droit de créance égal au montant des sommes versées au fonds. La créance individuelle de chaque salarié est inscrite à un compte nominatif appelé « Compte courant bloqué ».

Les frais de gestion de ces comptes sont pris en charge par la société.

Les sommes inscrites aux comptes courants bloqués portent intérêt à un taux annuel égal au taux de… % (minimum à ce jour égal au taux moyen de rendement des obligations des sociétés privées publié par le ministère de l'Économie).

ARTICLE 5. CAPITALISATION DES REVENUS

La totalité des revenus du portefeuille collectif est obligatoirement réemployée dans chaque FCPE et ne donne lieu à aucune répartition entre les porteurs de parts. Les revenus

© Éditions d'Organisation

ainsi réemployés viennent en accroissement de la valeur globale des avoirs du FCPE et, par conséquent, de la valeur de chaque part ou fraction de part ; ils sont exonérés de l'impôt sur le revenu des personnes physiques.

Au moment du rachat des parts, la plus-value enregistrée sera toutefois soumise aux contributions sociales en vigueur.

ARTICLE 6. INDIVIDUALISATION ET EXIGIBILITÉ DES DROITS DE SALARIÉS

Les droits de chaque salarié sont individualisés par inscription à son nom du nombre des parts du FCPE correspondant au montant de ses droits.

Les droits deviennent disponibles :

- soit, à l'expiration d'un délai de cinq ans à compter de l'ouverture des droits du salarié bénéficiaire de la participation. Les droits des salariés afférents à un exercice sont considérés comme s'ouvrant le premier jour du quatrième mois suivant la clôture de l'exercice ;
- soit, lors de la survenance de l'un des événements énumérés à l'article R. 442-17 du Code du travail. En l'état actuel de la législation, les cas sont les suivants :
  a) mariage de l'intéressé ou conclusion d'un pacte civil de solidarité par l'intéressé,
  b) naissance, ou arrivée au foyer en vue de son adoption d'un enfant dès lors que le foyer compte déjà au moins deux enfants à sa charge,
  c) divorce, séparation ou dissolution d'un pacte civil de solidarité lorsqu'ils sont assortis d'un jugement prévoyant la résidence habituelle unique ou partagée d'au moins un enfant au domicile de l'intéressé,
  d) invalidité du salarié, de ses enfants, de son conjoint, ou de la personne qui lui est liée par un pacte civil de solidarité. Cette invalidité s'apprécie au sens au sens des 2° et 3° de l'article L. 341-4 du code de la Sécurité sociale ou doit être reconnue par décision de la commission technique d'orientation et de reclassement professionnel prévue à l'article L. 323-11 ou de la commission départementale de l'éducation spéciale à condition que le taux d'incapacité atteigne au moins 80 % et que l'intéressé n'exerce aucune activité professionnelle,
  e) décès du salarié, de son conjoint ou de la personne liée au bénéficiaire par un pacte civil de solidarité,
  f) cessation du contrat de travail,
  g) affectation des sommes épargnées à la création ou reprise, par le salarié, ses enfants, son conjoint ou la personne liée au

© Éditions d'Organisation

bénéficiaire par un pacte civil de solidarité, d'une entreprise industrielle, commerciale, artisanale ou agricole, soit à titre individuel, soit sous la forme d'une société, à condition d'en exercer effectivement le contrôle au sens de R. 351-42, à l'installation en vue de l'exercice d'une autre profession non salariée ou à l'acquisition de parts sociales d'une société coopérative de production,

h) affectation des sommes épargnées à l'acquisition ou agrandissement de la résidence principale emportant création de surface habitable nouvelle telle que définie à l'article R. 111-2 du code de la construction et de l'habitation, sous réserve de l'existence d'un permis de construire ou d'une déclaration préalable de travaux ou à la remise en état de la résidence principale endommagée à la suite d'une catastrophe naturelle reconnue par arrêté ministériel,

i) situation de surendettement du salarié définie à l'article L. 331-2 du Code de la consommation, sur demande adressée à l'organisme gestionnaire des fonds ou à l'employeur par le président de la commission de surendettement des particuliers soit par le juge lorsque le déblocage paraît nécessaire à l'apurement du passif de l'intéressé.

La demande du salarié doit être présentée dans un délai de six mois à compter de la survenance du fait générateur, sauf dans les cas de cessation du contrat de travail, décès du conjoint ou de la personne mentionnée au e), invalidité et surendettement où elle peut intervenir à tout moment.

La levée anticipée de l'indisponibilité intervient sous forme d'un versement unique qui porte, au choix du salarié, sur tout ou partie des droits susceptibles d'être débloqués.

Le jugement arrêtant le plan de cession totale de l'entreprise ou le jugement ouvrant ou prononçant la liquidation judiciaire de l'entreprise rendent immédiatement exigibles les droits à participation non échus en application des articles L. 621-94 et L. 622-22 du Code de commerce et de l'article L. 143-11-3 du Code du travail.

Toute évolution de la législation dans le domaine de la libération anticipée des droits sera automatiquement applicable au présent accord.

En outre, l'entreprise et le dépositaire sont autorisés à payer directement aux salariés les sommes leur revenant au titre de la participation lorsque celles-ci n'excèdent pas environ 38 euros, montant fixé par l'arrêté du 17 juillet 1987.

© Éditions d'Organisation

ARTICLE 7. CONSEIL DE SURVEILLANCE

Le conseil de surveillance de chaque FCPE, constitué conformément aux dispositions du règlement intérieur du fonds, est obligatoirement réuni chaque année pour l'examen du rapport sur les opérations du fonds et des résultats obtenus pendant l'année écoulée.

Il exerce les droits de vote attachés aux titres compris dans le FCPE et, à cet effet, désigne un ou plusieurs mandataires.

Aucune modification du règlement intérieur de celui-ci ne peut être décidée sans l'accord du conseil de surveillance.

ARTICLE 8. INFORMATION DES SALARIÉS

Indépendamment de la publicité prévue pour le présent accord par l'article 13 ci-après, ainsi que du rapport présenté chaque année au conseil de surveillance de chaque FCPE, conformément aux dispositions de l'article 7 ci-dessus, l'employeur doit présenter, dans les six mois qui suivent la clôture de chaque exercice, un rapport au comité d'entreprise ou à la commission spécialisée crée par ce comité dans les conditions analogues à celles prévues par l'article L. 434-7 du Code du travail.

Ce rapport comporte notamment :

- les éléments servant de base de calcul du montant de la RSP des salariés pour l'exercice écoulé ;
- des indications précises sur la gestion et l'utilisation des sommes affectées à cette RSP.

Lorsque le comité d'entreprise est appelé à siéger pour examiner ce rapport, les questions ainsi examinées doivent faire l'objet de réunions distinctes ou d'une mention spéciale à son ordre du jour.

Le comité peut se faire assister par un expert-comptable dans les conditions prévues à l'article L. 434-6 du Code de travail.

Dans le cas où il n'existe pas de comité d'entreprise, le rapport mentionné ci-dessus doit être présenté aux délégués du personnel, et adressé à chaque salarié présent dans l'entreprise, à l'expiration du délai de six mois suivant la clôture de l'exercice.

En outre, l'information individuelle de chaque salarié est assurée comme suit :

- toute répartition entre les membres du personnel donne lieu à la remise – dans un délai de six mois suivant la clôture de l'exercice concerné – à chaque bénéficiaire, d'une fiche indiquant :
  - le montant total de RSP pour l'exercice écoulé,
  - le montant des droits attribués au salarié bénéficiaire,

© Éditions d'Organisation

- s'il y a lieu, l'organisme auquel est confiée la gestion de ces droits,
- la date à partir de laquelle lesdits droits seront négociables ou exigibles,
- le montant du précompte effectué au titre de la CSG et de la CRDS,
- les cas dans lesquels ils peuvent être exceptionnellement liquidés ou transférés avant l'expiration de ce délai ;

- lorsqu'un salarié, titulaire d'une créance sur la RSP, quitte l'entreprise sans faire valoir ses droits à déblocage ou avant que l'entreprise ait été en mesure de liquider, à la date de son départ, la totalité des droits dont il est titulaire, l'employeur est tenu :
  - de lui remettre une attestation indiquant la nature et le montant de ses droits ainsi que la ou les dates à partir desquelles ceux-ci deviendront négociables ou exigibles,
  - de lui faire préciser l'adresse à laquelle devront lui être envoyés les intérêts, dividendes et avis éventuellement afférents à ces droits et, lors de leur échéance, les titres ou les sommes représentatifs de ceux-ci,
  - d'informer le salarié qu'au cas où il changerait d'adresse, il lui appartiendrait d'en aviser l'entreprise ou l'organisme gestionnaire, en temps utile.

ARTICLE 9. DURÉE DE L'ACCORD – DÉNONCIATION

Le présent accord sera applicable pour la première fois à l'exercice social de l'entreprise ouvert le… et clos le…

Il se renouvellera ensuite annuellement par tacite reconduction, sauf dénonciation par l'une ou l'autre des parties signataires, trois mois avant chaque échéance annuelle. *(Article à ne maintenir que dans le cadre d'un accord à durée indéterminée.)*

Sur l'initiative de l'une ou l'autre des parties, il pourra, également, être modifié ou révisé, totalement ou partiellement.

Sauf convention contraire entre les parties, la dénonciation ou la modification prendra effet à compter du premier exercice ouvert postérieurement à la dénonciation ou la modification ; la partie qui dénonce l'accord doit aussitôt notifier sa décision par lettre recommandée avec accusé de réception, au directeur départemental du travail, de l'emploi et de la formation professionnelle.

ARTICLE 10. VARIATION DE L'EFFECTIF

Le présent accord est conclu dans le cadre des dispositions légales rendant obligatoires la conclusion des accords de participation dans les entreprises de plus de cinquante salariés.

© Éditions d'Organisation

Dans l'hypothèse où cette condition ne serait plus remplie par l'entreprise, le présent accord cesserait de trouver application sans qu'il soit nécessaire de procéder à sa dénonciation.

ARTICLE 11. CLAUSE DE SAUVEGARDE

Les termes du présent accord ont été arrêtés au regard des dispositions légales et réglementaires applicables à la date de sa conclusion.

En cas de modification de cet environnement juridique :

Les règles d'ordre public s'appliqueront à l'accord sans que les parties aient à renégocier dans les conditions qui seront prévues par la loi, s'il ne s'agit pas de dispositions d'ordre public, les parties se réuniront pour en tirer les conséquences et rédiger, éventuellement, un avenant.

À défaut, seules les dispositions de l'accord s'appliqueront.

ARTICLE 12. LITIGES

Avant d'avoir recours aux procédures prévues par la réglementation en vigueur, les parties s'efforceront de résoudre dans le cadre de l'entreprise les litiges afférents à l'application du présent accord, en consultant, au besoin par écrit, l'ensemble du personnel si l'objet du litige est compatible avec cette procédure.

Le montant du bénéfice net et des capitaux propres de l'entreprise, établi par une attestation de l'inspecteur des impôts, ne peut être remis en cause à l'occasion des litiges nés de l'application du présent accord.

Les contestations d'ordre collectif relatives au montant des salaires et au calcul de la valeur ajoutée prise en compte pour le calcul de la RSP, à défaut d'accord amiable, relèveront des juridictions compétentes en matière d'impôt direct (tribunaux administratifs). Ils ne pourront être saisis que par les signataires de cet accord.

Tout autre litige, à défaut d'entente entre les parties, sera de la compétence des tribunaux judiciaires.

ARTICLE 13. PUBLICITÉ

Le présent accord sera adressé, par l'entreprise, par lettre recommandée avec accusé réception, au directeur départemental du travail de l'emploi et de la formation professionnelle.

Il sera affiché dans l'entreprise sur les emplacements réservés à la communication avec le personnel.

Fait à... *Le...*

Signatures...

© Éditions d'Organisation

L'INTÉRESSEMENT ET LA PARTICIPATION DANS LE COMPTE DE RÉSULTAT

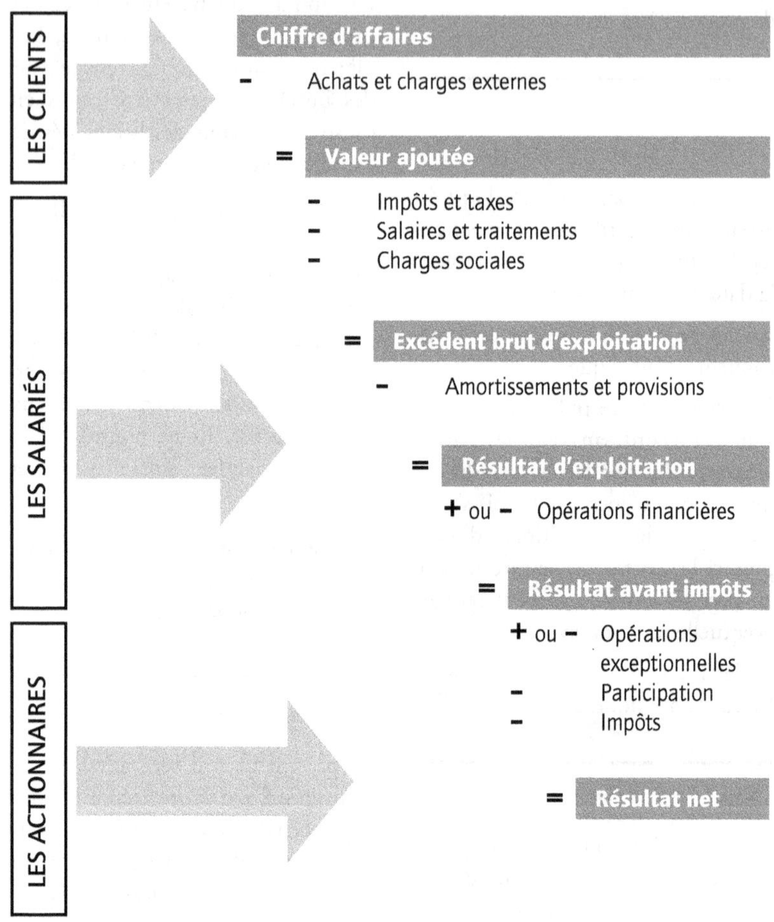

L'intéressement étant lié à l'amélioration de la performance économique de l'entreprise, ses critères sont déterminés à la fois sur les différents postes de charges et de produits de l'entreprise et sur la constatation des résultats aux différents niveaux d'élaboration.

© Éditions d'Organisation

La participation, pour sa part, se fonde sur le résultat fiscal, les salaires et la valeur ajoutée. La rémunération des capitaux propres retenue dans la formule légale nécessite de rechercher l'information au passif du bilan.

L'argent dont l'entreprise dispose vient essentiellement des ventes qu'elle fait à ses clients.

Elle doit payer ses fournisseurs, ses achats de fournitures diverses, matières premières, etc., les assurances, les transports et les services divers. La différence entre ce qu'elle a vendu et ces charges externes mesure la richesse que l'entreprise a réellement créée : c'est la valeur ajoutée.

Il lui faut également rémunérer les services rendus par l'État et les collectivités locales sous forme d'impôts et taxes, payer naturellement les salaires des collaborateurs de l'entreprise et effectuer les versements aux organismes sociaux (Urssaf, Assedic, caisses de retraite…). Ce qui reste donne une première idée du résultat économique de l'entreprise : c'est l'excédent brut d'exploitation.

Mais il faut aussi prendre en compte l'utilisation des moyens de production (machines, bâtiments, équipements divers) qui sont mis en œuvre à l'occasion de l'activité. Le matériel s'use, vieillit techniquement. Il faut prévoir des renouvellements, des changements de méthodes de production, etc. C'est ce qui est pris en compte par les amortissements.

De même il faut se prémunir contre certains risques qui affectent ou peuvent affecter la vie de l'entreprise (clients douteux, litiges, risques de change…) sous la forme de provisions.

La différence, le résultat d'exploitation, correspond au bénéfice réalisé par l'entreprise grâce à son activité économique normale.

À côté de cette activité économique, l'entreprise doit tenir compte aussi de certains éléments financiers liés à cette activité. Si elle emprunte des fonds elle devra payer des intérêts, des agios en cas de

© Éditions d'Organisation

découvert bancaire ; mais d'un autre côté sur les prêts ou les placements qu'elle peut réaliser, elle bénéficiera de produits financiers qui accroîtront son résultat.

De même, elle peut être amenée à revendre du matériel usagé, des participations dans d'autres entreprises mais aussi à tenir compte d'éléments exceptionnels (restructuration, hausse du prix des matières premières, des services…).

Tous ces éléments conduisent à la détermination du résultat avant impôt sur les sociétés.

Le Trésor public, sur la base du résultat avant impôt, peut décider certaines réintégrations ou déductions d'éléments ayant concouru à la détermination de ce résultat (déduction des dividendes reçus des filiales, réintégration de certaines provisions, etc.). C'est sur cette base rectifiée que sera calculé l'impôt sur les sociétés (33,33 % en 2005) le reste constituant le résultat net.

Ce résultat appartient aux propriétaires de l'entreprise, les actionnaires, qui ont apporté, au démarrage et au cours de la vie de l'entreprise, les fonds nécessaires à son développement.

Ils peuvent en prélever une partie sous forme de dividendes et laisser le reste à la disposition de l'entreprise pour une durée indéterminée (ce sont les réserves).

Les capitaux propres représentent l'ensemble des sommes maintenues à la disposition de l'entreprise par les actionnaires.

LE HIT-PARADE DES CRITÈRES D'INTÉRESSEMENT

Novacy[1] a mené une étude auprès de plus de 100 entreprises pour disséquer leurs accords d'intéressement.

1. Filiale Épargne salariale du groupe Generali.

© Éditions d'Organisation

État des lieux

Nombre de critères pris en compte dans le calcul de la prime d'intéressement	Pourcentage d'entreprises utilisant ces critères
1	44 %
2	23 %
3	20 %
4	7 %
5	5 %

On voit donc qu'une grande majorité d'entreprises (67 %) utilisent un à deux critères pour calculer le montant de leur prime globale d'intéressement. Une sagesse tout à fait compréhensible, car s'il peut être tentant de multiplier les critères pour diversifier les objectifs de résultats ou de performances liés à l'intéressement, l'utilisation d'un trop grand nombre de critères rend le calcul complexe et opaque pour les salariés. Il paraît plus raisonnable de mobiliser les énergies sur 1 à 3 critères choisis en concertation, parfaitement identifiés et compris de tous.

Critères pris en compte dans la détermination de la prime globale d'intéressement

	Poids en %	Cumul
Résultat d'exploitation	18 %	18 %
Résultat courant avant impôt	14 %	31 %
Évolution du chiffre d'affaires	10 %	41 %
Montant du chiffre d'affaires	5 %	47 %

.../...

© Éditions d'Organisation

	Poids en %	Cumul
Résultat net	5 %	52 %
Ratio de rentabilité commerciale	5 %	57 %
Sécurité	5 %	63 %
Qualité : taux de pertes et rebuts	5 %	67 %
Satisfaction clients	3 %	70 %
Absentéisme	3 %	73 %
Part de marché	3 %	76 %
Évolution dépenses de fonctionnement	2 %	79 %
Prise de commandes	2 %	81 %
Rotation des stocks	2 %	83 %
CA réel/CA budgété	2 %	85 %
Capacité de financement/CA	2 %	86 %
CA/Dépenses de fonctionnement	2 %	88 %
Rotation des stocks	2 %	89 %
Rentabilité des capitaux propres	1 %	90 %
Autres	10 %	100 %

Des critères avant tout économiques

Les critères liés aux résultats économiques – évolution du chiffre d'affaires, du résultat d'exploitation, du résultat net ou de ratios économiques divers – restent largement prédominants dans le calcul de la prime d'intéressement. Mais les critères de performance ont aussi leur place, plus modeste. Les objectifs de qualité, sécurité et satisfaction client sont les plus couramment pris en compte. On rencontre

© Éditions d'Organisation

également des objectifs très spécifiques à la problématique de telle ou telle entreprise : respect des délais, innovation, rotation des stocks, etc. De tels critères ont l'avantage de mobiliser les énergies sur des objectifs très concrets et proches du terrain.

Les entreprises optent pour des formules de calcul relativement simples. La plus fréquemment utilisée (57 %) utilise en effet comme base la masse salariale, sur laquelle vient s'appliquer un taux qui est fonction de l'atteinte des critères de résultat ou de performance choisis. Mais un nombre relativement important d'entreprises (28 %) préfère une formule « maison », spécifique à la société et à son secteur d'activité. On peut regretter ce type de choix, car le calcul de la prime globale d'intéressement devient alors complexe et difficile à appréhender pour les salariés : l'effet motivant des critères de performance retenus peut perdre de sa force.

Critères de répartition de la prime globale d'intéressement

Répartition utilisant conjointement ces différents critères	42 %
Fonction du salaire brut	42 %
Fonction du temps de présence	12 %
Répartition uniforme	3 %

Répartition de la prime : au prorata du salaire et du temps de présence dans l'entreprise.

La plupart des entreprises choisissent de répartir l'intéressement selon le salaire brut (42 %), ou en utilisant conjointement deux critères : salaire et temps de présence dans l'entreprise (42 %). Cette dernière solution a le mérite de ne pas démotiver les salariés à faible rémunération.

(Source Internet Novacy)

© Éditions d'Organisation

EXEMPLE DE CALCUL DE LA PARTICIPATION

1 – Détermination des bases du calcul

	Montants	
Bénéfice fiscal avant impôt	450 000	
Impôt : 33,33 %	150 000	
Bénéfice net fiscal (après impôt)		**300 000 (B)**
Capital social	750 000	
Réserve légale	75 000	
Autres réserves	125 000	
Report à nouveau	50 000	
Total capitaux propres		**1 000 000 (C)**
Base des salaires bruts	120 000	
Salaires		**1 200 000 (S)**
Frais de personnel – (salaires et charges sociales)	1 900 000	
Impôts et taxes	150 000	
Frais financiers	100 000	
Dotations aux amortissements et aux provisions	400 000	
Résultat courant avant impôt	450 000	
Total valeur ajoutée		**3 000 000 (VA)**

2 – Calcul de la Réserve Spéciale de Participation

$$\text{Formule de calcul : RSP} = \frac{(B - 5\ \%\ C) \times S/VA}{2}$$

© Éditions d'Organisation

	Montants
Bénéfice net fiscal **(B)**	300 000
À retrancher la rémunération des capitaux propres : 5 % de 1 000 000 **(C)**	50 000
Base de répartition	250 000
Salaires **(S)**	1 200 000
Valeur ajoutée **(VA)**	3 000 000
Taux **S/VA**	40 %
Application du taux à la base de répartition : 40 % de 250 000	100 000
Montant de la réserve de participation	**50 000**

LA PROVISION POUR INVESTISSEMENT (PPI)

1. Entreprise de plus de 50 salariés

Formule légale

Exemple : la société Flamogaz emploie 60 salariés

Son résultat net fiscal est de : 300 000 €
Ses capitaux propres représentent : 1 000 000 €
Sa valeur ajoutée est de : 3 000 000 €
La masse salariale est de : 1 200 000 €

L'application de la formule de base donne une RSP de :
(300 000 – 50 000) × (1 200 000/3 000 000) = 100 000/2 = 50 000 €

Formule dérogatoire

La négociation de l'accord conduit à ramener la rémunération des capitaux propres à 2, 5 % au lieu de 5 %, et le diviseur de 2 à 1, 5.

L'application de ces dérogations donne une RSP de :
(300 000 – 25 000) × (1 200 000/3 000 000) = 110 000/1,5 = 73 333 €

© Éditions d'Organisation

Provision pour investissement

L'application de la formule dérogatoire par rapport à la formule de base fait apparaître une différence de : 73 333 – 50 000 = 23 333 €

Flamogaz pourra constituer une provision pour investissement en franchise d'impôt de 50 % de cette différence, soit 11 666 euros.

2. Entreprise de moins de 50 salariés

Formule légale

La société Toutancamion emploie 30 salariés. Elle n'est pas dans l'obligation de négocier un accord de participation, mais l'association de l'ensemble du personnel aux résultats de l'entreprise est un axe stratégique fort.

Son résultat net fiscal est de :	150 000 €
Ses capitaux propres représentent :	500 000 €
Sa valeur ajoutée est de :	1 500 000€
La masse salariale est de :	600 000 €

L'application de la formule de base donne une RSP de :

(150 000 – 25 000) × (600 000/1 500 000) = 50 000/2 = 25 000 €

Provision pour investissement

L'effectif étant inférieur à 50 salariés, l'application de la formule légale lui permet de constituer une provision pour investissement en franchise d'impôt de 50 % de cette somme, soit 12 500 euros.

Formule dérogatoire

Si, de surcroît, Toutancamion négocie une formule dérogatoire, à l'instar de Flamogaz et si la négociation de l'accord conduit à ramener la rémunération des capitaux propres à 2,5 % au lieu de 5 %, et le diviseur de 2 à 1,5, l'application de ces dérogations donne une RSP de :

(150 000 – 12 500) × (600 000/1 500 000) = 45 500/1,5 = 30 333 €

© Éditions d'Organisation

Provision pour investissement

La provision totale constituée par Toutancamion en franchise d'impôt étant de 50 % sur la somme résultant de la formule légale et de 50 % sur la somme résultant de la différence entre la formule dérogatoire et la formule légale, cela revient à appliquer le taux de 50 % sur le total de la RSP résultant de la formule dérogatoire, soit 30 333 × 50 % = 15 166 euros.

CHIFFRES CLÉS

Chiffres de 2001

En 2001, les entreprises non agricoles ont distribué 8,7 milliards d'euros au titre de la participation et de l'intéressement, une somme en hausse de 14,5 % par rapport à l'année précédente. Cette forte augmentation provient essentiellement de leur bonne santé économique durant l'année 2000.

5,5 millions de salariés ont bénéficié d'une prime de participation, d'intéressement ou des deux à la fois, soit le même nombre qu'en 2000. Ils représentent 37,5 % des effectifs des entreprises non agricoles. La prime moyenne distribuée au titre de la participation a augmenté de 10,6 % et atteint 1 079 euros, celle distribuée au titre de l'intéressement de 15,9 % et s'élève à 1 147 euros.

(Source DARES septembre 2003, n° 37.2.)

Chiffres de 2000

En 2000, les entreprises des secteurs marchands non agricoles ont distribué 7,6 milliards d'euros (49,7 milliards de francs) au titre de la participation ou de l'intéressement à près de 5,6 millions de salariés (37,6 % des salariés). Les primes moyennes distribuées, 976 euros (6 400 francs) au titre de la participation et 990 euros (6 500 francs) au titre de l'intéressement, sont plus importantes dans les petites entreprises et dans l'industrie.

(Source DARES avril 2002, n° 17.1.)

© Éditions d'Organisation

Entreprises ayant signé des accords d'intéressement

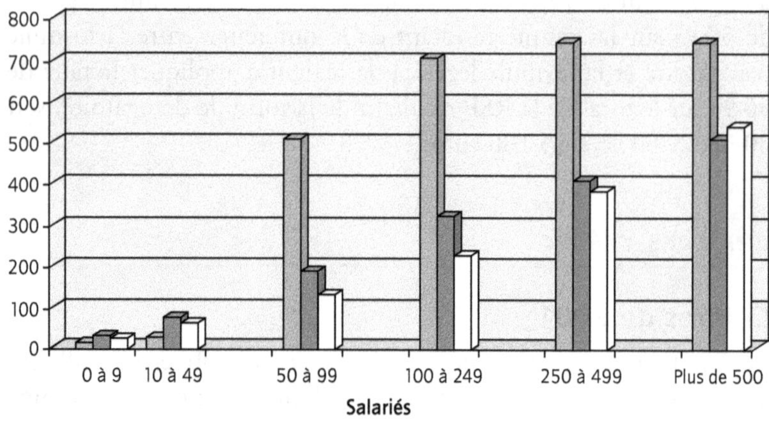

- Entreprises ayant un accord de participation (en % du total)
- Entreprises ayant un accord d'intéressement (en % du total)
- Entreprises ayant un PEE (en % du total)

(Source DARES)

Les dispositifs de participation financière

Exercice comptable	1999	2000	2001	2002
Participation				
Montant total brut distribué (million d'euros bruts)	4 307	4 927	5 058	4 927
Nombre de bénéficiaires (en milliers)	3 903	4 254	4 299	4 243
Montant moyen de la participation (en euros)	1 104	1 158	1 177	1 161
Équivalent en % de la masse salariale des bénéficiaires	*4,5*	*4,7*	*4,6*	*4,6*

…/…

© Éditions d'Organisation

Exercice comptable	1999	2000	2001	2002
Intéressement				
Montant total brut distribué (millions euros bruts)	3 161	3 799	4 445	4 637
Nombre de bénéficiaires (en milliers)	3 050	3 283	3 720	3 753
Montant moyen de l'intéressement (en euros)	1 036	1 157	1 195	1 236
Équivalent en % de la masse salariale des bénéficiaires	*3,8*	*4,3*	*4,3*	*4,5*
Abondement du plan d'épargne d'entreprise				
Montant total brut distribué (million d'euros bruts)	863	974	1 101	1 098
Nombre de bénéficiaires (en milliers)	1 803	2 024	2 079	2 389
Montant moyen de l'abondement (en euros)	479	481	530	460
Équivalent en % de la masse salariale des bénéficiaires	*1,7*	*1,7*	*1,8*	*1,6*
Participation, intéressement et abondement du PEE				
Montant total brut distribué (millions euros bruts)	8 331	9 700	10 604	10 662
Nombre de bénéficiaires (en milliers)	5 278	5 780	5 941	6 065
Montant moyen (en euros)	1 578	1 678	1 785	1 758
Équivalent en % de la masse salariale des bénéficiaires	*6,1*	*6,5*	*6,7*	*6,5*
Nombre de salariés couverts par un des 3 dispositifs (en milliers)	6 922	7 163	7 768	7 997

.../...

© Éditions d'Organisation

Exercice comptable	1999	2000	2001	2002
Plan d'épargne d'entreprise				
Versements totaux sur PEE (millions euros nets)	5 370	5 939	6 808	6 444
Nombre de salariés épargnants (en milliers)	2 730	2 981	2 968	3 404
Valeur cumulée des plans au 31 décembre (millions euros)	43 726	43 214	43 447	38 969
Pour information				
Masse salariale totale (en millions d'euros)	318 157	337 682	361 036	365 055
Nombre total de salariés (en milliers)	14 424	15 037	15 286	15 428

(Source : Conseil supérieur de la participation, rapport annuel pour 2003-2004)

ÉTUDE AFG (ASSOCIATION FRANÇAISE DE LA GESTION FINANCIÈRE)

L'épargne salariale

- Les fonds communs de placement d'entreprise (FCPE). Ils ont été créés au moment de la mise en œuvre des ordonnances de 1967 sur la participation des salariés aux fruits de l'expansion des entreprises et sur le plan d'épargne d'entreprise. L'accès à ces fonds est réservé aux salariés d'une ou plusieurs entreprises déterminées bénéficiant d'un accord de participation ou d'un règlement de plan d'épargne. Ils peuvent y verser leur intéressement, le montant de leur participation aux résultats de l'entreprise qui les emploie ainsi que des apports au plan d'épargne d'entreprise. Les versements au plan d'épargne sont souvent accompagnés d'un abondement versé par l'employeur.
- La montée en puissance des fonds communs de placement d'entreprise. Au 31 décembre 2003, plus de 3 300 FCPE géraient plus de

© Éditions d'Organisation

56 milliards d'euros, soit une hausse de plus de 18 % par rapport à fin 2002 (source : AMF). L'enquête semestrielle réalisée parmi les sociétés de gestion adhérentes à l'AFG confirme cette tendance positive : le tableau des actifs gérés en OPCVM d'épargne salariale montre un encours total de près de 63,5 milliards d'euros au 30 juin 2004, soit une progression de près de 12 % par rapport au 31 décembre 2003, et de 19,5 % par rapport au 30 juin 2003.

Évolution des actifs des FCPE gérés par les sociétés de gestion adhérentes à l'AFG

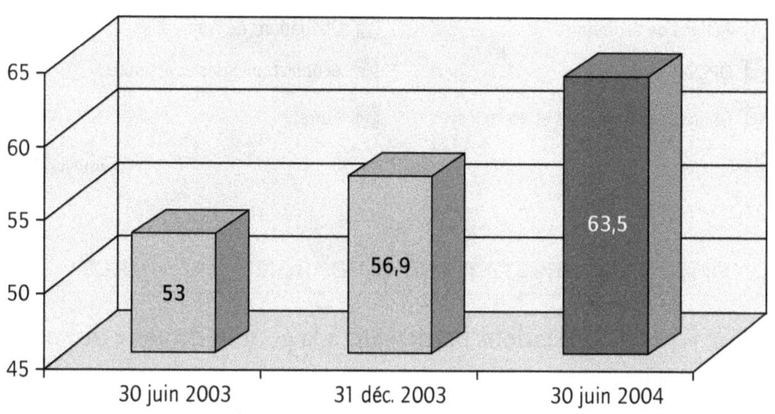

(Source : AFG)

Détention d'épargne salariale

D'après l'étude « Les porteurs de valeurs mobilières en 2004 » réalisée pour la Banque de France et Euronext, 10,1 % des Français de 15 ans et plus détiennent de l'épargne salariale, soit une proportion de 17 % sur la seule population des actifs. Cette épargne salariale est majoritairement détenue par l'intermédiaire d'un produit collectif (FCPE) pour 7,9 % des Français de 15 ans et plus contre 3,6 % en 2003.

(Source : site AFG)

© Éditions d'Organisation

Répartition de l'encours des FCPE au 31 décembre 2003

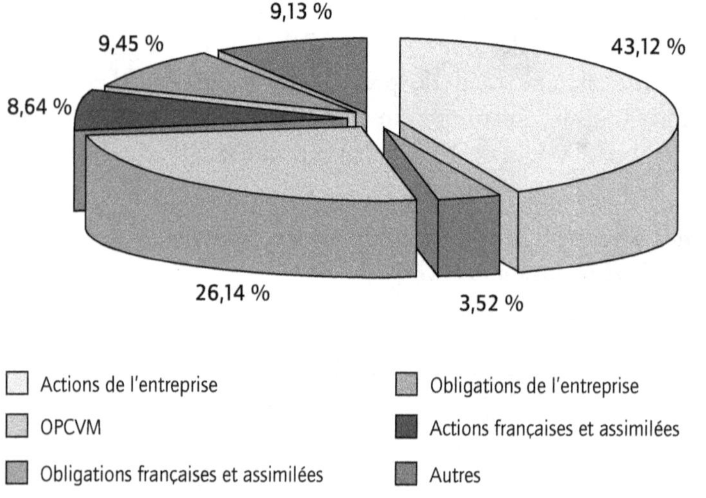

(Source : AMF)

CHOISIR SON PRESTATAIRE D'ÉPARGNE SALARIALE

Deux types de prestations participent à la gestion de votre dispositif épargne salariale :

- tenue des comptes, conservation des parts, fixation des règles de traitements administratifs au moment des souscriptions, des opérations de rachats et d'arbitrages, fixation des modalités d'informations des salariés (courrier, relevé de comptes, plate-forme téléphonique, Internet) ;
- gestion financière constituée des sommes affectées au PEE, au PERCO *via* les différents fonds proposés.

De manière générale, les différents intervenants du marché (banques, assureurs, institutions de prévoyance, mutuelles) vous remettront une proposition globale de gestion de votre épargne salariale intégrant ces deux prestations.

© Éditions d'Organisation

Posez les bonnes questions

La tenue de comptes

- détail des prestations fournies dans le cadre de la tarification proposée ?
- délais habituels de traitement d'une opération de versement, de rachat ?
- éléments ou fichiers à fournir par l'entreprise ?
- efficacité de la plate-forme téléphonique ?
- qualité et clarté des relevés de compte adressés aux salariés ?
- démonstration de consultation du site Internet, possibilité d'arbitrage en ligne ?
- quelle tarification pour quelle prestation ? facturation par opération ? forfait par opération ? forfait global ? forfait annuel par salarié géré ? frais d'affranchissement refacturés ? arbitrages compris ?

La gestion financière

- performances des FCPE proposés sur 1 an, sur 3 ans, sur 5 ans, sur 10 ans ?
- ancienneté, qualité et compétences des gérants ?
- qualité et périodicité de l'information financière ?
- composition et degré de risque des FCPE proposés ?
- qualité du *reporting* financier, explication de la performance ?
- tenue des conseils de surveillance et intervention des gérants ?
- tarification : montant de la commission de souscription ?
- transparence des frais sur encours ?
- en savoir plus : choix des FCPE et de manière générale :
- efficacité dans les phases de mise en place du PEE ou de transfert ?
- politique d'accompagnement dans la mise en place des dispositifs : réunion avec les salariés, le comité d'entreprise ?
- qualité d'écoute, disponibilité et compétences des interlocuteurs ?
- notoriété, classement et références clients ?

(Source : PEE Conseils)

© Éditions d'Organisation

ADRESSES UTILES

Ministère de l'Économie, des Finances et de l'Industrie

139, rue de Bercy
75012 PARIS
Tél. : 01 40 04 04 04
www.minefi.gouv.fr
www.finances.gouv.fr/epargnesalariale/indexf.html
www.epargnesalariale.minefi.gouv.fr

Ministère de l'Emploi, de la Cohésion sociale et du Logement

127, rue de Grenelle
75007 PARIS
Tél. : 01 44 38 38 38
www.emploi-solidarite.gouv.fr

Ministère délégué à l'Emploi, au Travail et à l'Insertion professionnelle des jeunes

55, rue Saint-Dominique
75007 PARIS
Tél. : 01 40 56 60 00
www.travail.gouv.fr

Autorité des Marchés Financiers – AMF

17, place de la Bourse
75002 PARIS
Tél. : 01 53 45 60 00
www.amf-france.org

AFG

Association française de la gestion financière
31, rue de Miromesnil
75008 PARIS
Tél. : 01 44 94 94 00
www.afg-asffi.com

© Éditions d'Organisation

FONDACT

Association pour la gestion participative, l'épargne salariale et l'actionnariat de responsabilité
24B, avenue de la Porte d'Asnières 75017 Paris
Tél. 01 46 22 00 02
www.fondact.org

© Éditions d'Organisation

LES TEXTES DE RÉFÉRENCE

Code du travail

Intéressement

Articles L. 441-1 à L. 441-8 et R. 441-1 à R. 441.4

Participation

Articles L. 442-1 à L. 442-17 et R. 442-19 à R. 442.29

PEE et PERCO

Articles L. 443-1 à L. 443-9 et R. 443-1 à R. 443.13

Dispositions communes

Articles L. 444-2 à L. 444-6

Code de la Sécurité sociale

Assujettissement à la CSG et à la CRDS

Articles L. 136-6 et 136-7

Code général des impôts

Exonération des sommes liées à la participation et aux plans d'épargne

Article 81, Article 163 *bis* AA, Articles 237 *bis* A et 237 *ter.*

Code monétaire et financier

OPCVM et Fonds communs de placement d'entreprises (FCPE)

Articles L. 214-4, L214-40, L. 214-40-1

© Éditions d'Organisation

Loi du 26 juillet 2005 pour la confiance et la modernisation de l'économie

Élargissement du champ des bénéficiaires des accords d'intéressement

Titre V, article 36

Répartition des sommes de la réserve spéciale de participation

Titre V, article 37

Transferts des sommes détenues au titre de la participation

Titre V, article 43

Plan d'épargne d'entreprise : information des salariés

Titre V, article 45

Circulaire interministérielle du 6 avril 2005 relative à l'épargne salariale

© Éditions d'Organisation

Glossaire – Index

(Les nombres entre parenthèses renvoient aux pages)

ABONDEMENT *(5, 10, 59, 62-63, 68-72, 74-76, 78, 88, 90, 123-124)*

Dans les plans d'épargne d'entreprise, l'abondement est un versement complémentaire de l'entreprise qui s'ajoute aux versements des salariés. Cet abondement est exonéré de l'impôt sur les sociétés, de la taxe sur les salaires et des charges sociales. Il supporte néanmoins la CSG, la CRDS et un prélèvement social.

ACCORD *(7, 15-16, 18-19, 22-27, 29-34, 36-37, 39-41, 44-51, 54-56, 58, 63, 67-69, 74-77, 79-82, 84-85, 87-88, 93-95, 98-103, 106, 108-111, 114, 119-120, 122, 124, 131)*

Forme sous laquelle sont conclues les négociations relatives à la mise en place de l'intéressement et de la participation dans l'entreprise. L'accord négocié est progressivement devenu la règle, la loi faisant obligation d'engager des négociations pour la mise en place de ces accords.

ACCORD COLLECTIF *(10, 15, 17, 22, 58, 68, 76, 78)*

Convention conclue entre une ou plusieurs organisations syndicales représentatives au plan national et des organisations d'employeurs. Les dispositions de ces accords doivent être au moins aussi favorables aux salariés que les dispositions légales. Les entreprises non couvertes par un accord collectif ont l'obligation d'engager annuellement une négociation sur l'une au moins des modalités d'épargne salariale.

© Éditions d'Organisation

ACCORD DE GROUPE *(18)*

Convention passée entre des entreprises juridiquement indépendantes mais ayant des liens économiques et financiers pour la mise en place de formules d'intéressement, de participation ou de plan d'épargne d'entreprise.

ACTION *(11, 53, 55, 68-69, 73, 75, 83, 126)*

Valeur mobilière représentée par le titre de propriété remis à une personne en échange de son apport dans une société et qui fait d'elle un actionnaire, associé de l'entreprise. L'action confère :

- un droit aux bénéfices (dividendes) ;
- un droit à la gestion ou au contrôle de la gestion ;
- un droit au partage en cas de liquidation.

ACTIONNARIAT DES SALARIÉS *(2, 68)*

Mécanisme d'épargne salariale instauré en 1973, renforcé par la loi du 25 juillet 1994 et transformé par la loi du 19 février 2001. Les entreprises peuvent proposer à leurs salariés de devenir actionnaires par l'acquisition ou la souscription de leurs titres. Les actions souscrites dans le cadre d'un PEE peuvent être obtenues :

- soit par augmentation de capital réservée aux salariés ;
- soit par rachat d'actions sur le marché.

AMF – AUTORITÉ DES MARCHÉS FINANCIERS *(59, 69, 125-126, 128)*

Créée le 1er août 2003, elle est issue de la fusion de la COB (Commission des Opérations de Bourse) du CMF (Conseil des Marchés Financiers) et du CDGF (Conseil de Discipline de la Gestion Financière).

Elle a quatre missions principales :

- elle réglemente l'ensemble des opérations financières portant sur les sociétés cotées (introduction en Bourse, augmentation de capital, OPA, OPE, fusion), l'organisation et le fonctionnement des entreprises de marchés comme Euronext. Elle détermine les règles de bonne conduite et les obligations que doivent respecter les professionnels de l'épargne et de l'investissement financier ;

© Éditions d'Organisation

- elle autorise la création des sicav et des fonds communs de placement. Elle donne son agrément à la création des sociétés de gestion ;
- elle surveille le fonctionnement des marchés et veille au bon déroulement des opérations. Elle s'assure notamment que l'information sur les opérations est complète et de qualité, délivrée de manière équitable à l'ensemble des acteurs ;
- elle sanctionne les auteurs de pratiques contraires à son règlement ou aux obligations professionnelles par sa commission des sanctions (12 membres indépendants) et peut saisir le Procureur de la République en cas de délit.

ANCIENNETÉ *(7, 29, 33, 74-75, 94, 104, 127)*

Clause pouvant être négociée dans les accords d'intéressement ou de participation. La durée maximum d'ancienneté pouvant être exigée des salariés pour bénéficier de l'application des accords est de trois mois.

AUGMENTATION DE CAPITAL *(71, 73)*

Opération qui consiste à augmenter le capital d'une société :

- soit par incorporation des réserves. Une partie des réserves est intégrée au capital sans que cette opération modifie en quoi que ce soit les moyens financiers à la disposition de la société ;
- soit par appel d'argent frais ;
- soit par une proposition exclusivement réservée aux salariés. Cette opération doit être autorisée en assemblée générale extraordinaire des actionnaires pour une durée de cinq ans. L'assemblée peut décider une décote de 20 % maximum sur la valeur de l'action au bénéfice des salariés. Cette décote peut être portée à 30 % si la durée d'indisponibilité est supérieure à dix ans. Lorsque la gestion des actions souscrites par les salariés est assurée à travers un FCPE, les formalités sont réduites et le montant de l'augmentation est limité au nombre d'actions effectivement souscrites par les salariés.

AVANTAGES FISCAUX *(53, 75)*

Ensemble des exonérations fiscales susceptibles d'être appliquées aux sommes attribuées aux salariés dans le cadre des

© Éditions d'Organisation

accords d'intéressement et de participation, des versements aux plans d'épargne d'entreprise et aux revenus de ces sommes. Ils concernent également les exonérations accordées aux entreprises dans le cadre de ces accords.

AVANTAGES SOCIAUX *(17, 53, 69)*

Ensemble des exonérations de charges sociales des sommes attribuées aux salariés au titre des accords d'intéressement et de participation – à l'exclusion de la CSG et de la CRDS – et aux revenus de ces sommes.

AVENANT *(23, 25, 39, 50, 95, 100, 111)*

Modification apportée à un accord d'intéressement ou de participation en cours d'application. Les avenants doivent être négociés, conclus et déposés dans les mêmes formes que les contrats auxquels ils se rapportent.

BÉNÉFICIAIRES *(7, 10, 29, 32-33, 42, 44, 69-71, 76-77, 80-81, 84-85, 94, 96-99, 104-109, 122-123, 131)*

Ensemble des personnes concernées par les accords d'intéressement et de participation. Il s'agit naturellement en premier lieu des personnes liées à l'entreprise par un contrat de travail. Par extension, dans les entreprises de moins de 100 salariés, les chefs d'entreprise et, pour les personnes morales, leurs présidents, directeurs généraux, gérants ou membres du directoire, ainsi que le conjoint du chef d'entreprise s'il a le statut de conjoint collaborateur ou de conjoint associé, peuvent bénéficier des accords d'intéressement.

CAPITAUX PROPRES *(11, 35, 42-43, 50, 89, 104, 111, 113-114, 116, 118-120)*

Ils représentent le total du capital social, des réserves et des provisions à caractère de réserves, c'est-à-dire des moyens financiers qui appartiennent en propre à la société (ou à ses actionnaires dans une société par actions) par opposition aux capitaux étrangers ou extérieurs.

L'augmentation des capitaux propres est obtenue par augmentation du capital ou par mise en réserve d'une partie du bénéfice.

© Éditions d'Organisation

CET – COMPTE ÉPARGNE-TEMPS *(3, 5, 10, 53, 55-56, 58, 63, 77-78, 88, 90)*

Il a pour objet de permettre aux salariés qui le désirent de se constituer des droits à congés rémunérés. Il est créé par une convention, un accord collectif, un accord d'entreprise ou un accord d'établissement.

Il peut être alimenté par la prime d'intéressement et par les sommes issues de la participation à l'issue de leur période d'indisponibilité à condition que les accords le prévoient.

CIES – COMITÉ INTERSYNDICAL DE L'ÉPARGNE SALARIALE

Comité créé en février 2002 par la CFE-CGC, la CFDT, la CFTC et la CGT. Son objectif est de permettre aux salariés de choisir – dans des conditions de sécurité – l'affectation de leur épargne en toute connaissance de cause, d'aider les syndicats chargés de négocier un accord d'épargne salariale dans leur entreprise ou dans leur branche.

Ses missions : sélectionner, labelliser et contrôler les fonds de gestion de l'épargne salariale. Pour pouvoir être sélectionnés, les fonds doivent proposer une offre d'épargne salariale comprenant les éléments suivants :

- le meilleur rapport « qualité-prix » pour les salariés, comprenant des services étendus, des frais de gestion et de tenue de compte aussi réduits que possible ;
- des instruments d'investissement socialement responsables et diversifiés en fonction de la sécurité et de l'orientation souhaitée par le salarié ;
- des garanties fortes : représentation majoritaire des salariés dans les conseils de surveillance des FCPE, capacité donnée au Conseil de surveillance de contrôler régulièrement et concrètement la gestion des fonds, transparence et clarté de la gestion, possibilité d'audits effectués par le CIES.

COMMISSION DE SUIVI *(97)*

Créée pour suivre l'application de l'accord d'intéressement, elle est composée de représentants de la direction et des salariés (membres du CE, délégués du personnel, salariés élus ou désignés). Elle reçoit des informations périodiques sur les élé-

© Éditions d'Organisation

ments constitutifs de l'accord pour pouvoir vérifier l'exactitude des calculs et le respect des règles de répartition prévues à l'accord.

COMPTE COURANT BLOQUÉ *(53, 90, 106)*

L'ordonnance de 1967 relative à la participation prévoit que le placement de la réserve spéciale de participation peut se faire selon différents modes dont un compte courant bloqué au sein de l'entreprise. Dans ce cas, les sommes représentant le montant des droits des salariés conservées dans l'entreprise doivent être utilisées au financement de ses investissements. Le taux d'intérêt de ces sommes doit être au moins égal au taux moyen de rendement des obligations des sociétés privées. Ce taux fait l'objet de négociations entre les partenaires sociaux.

COMPTE DE RÉSULTAT *(36, 104, 112)*

En application des directives européennes, le compte de résultat regroupe les éléments d'information sur la vie de l'entreprise. Établi dans la perspective de faciliter l'analyse économique de l'activité de l'entreprise, il distingue, dans les produits, ceux liés à l'exploitation (chiffre d'affaires), de ceux liés à une variation de la situation de l'entreprise (production stockée, immobilisée, subventions, etc.). Il met également en évidence les produits financiers et les produits exceptionnels.

Les charges font apparaître successivement les charges d'exploitation – en premier lieu les achats et les charges externes – les charges financières et les charges exceptionnelles.

L'enchaînement des postes de charges permet de mettre en évidence un certain nombre de notions importantes d'analyse financière, telle que la valeur ajoutée et les principaux soldes intermédiaires de gestion.

CONSEIL DE SURVEILLANCE DES FCPE *(69, 109)*

C'est un organe représentatif des salariés adhérant au fonds et dont la mission est de veiller à sa bonne gestion. Il est constitué de membres porteurs de parts, soit élus par les adhérents, soit désignés par le comité d'entreprise ou par les syndicats

© Éditions d'Organisation

représentatifs. Les représentants de la direction sont nommés par celle-ci et ne peuvent être en nombre supérieur à celui des salariés.

Ses compétences concernent :

- l'examen de la gestion financière du FCPE confiée à la société de gestion, notamment les mouvements des titres, le respect des orientations du fonds dans le souci de la protection et du rendement de l'épargne des salariés. Chaque année, la société de gestion soumet un rapport sur le fonctionnement et les performances du fonds au conseil de surveillance ;
- les événements de la vie du fonds : modification des orientations de gestion, changement de la société de gestion ou du dépositaire, défense des intérêts des porteurs de parts ;
- l'exercice des droits attachés aux titres détenus dans le FCPE : droit de vote, participation aux assemblées générales, apport de titres à des offres publiques... C'est le président du conseil de surveillance qui exerce ces droits ;
- l'information des porteurs de parts :
  - le rapport annuel du fonds adopté par le conseil de surveillance doit être mis à la disposition des porteurs de parts,
  - le conseil de surveillance doit s'assurer de la qualité de l'information individuelle donnée par la société de gestion (relevés de comptes, évolution de la valeur de part, plate-forme téléphonique...).

S'ils le souhaitent, les membres des conseils de surveillance peuvent demander à bénéficier d'une formation économique, financière et juridique d'une durée maximale de cinq jours, dans les six mois suivants leur prise de fonction.

CONSEIL SUPÉRIEUR DE LA PARTICIPATION *(124)*

Il a été institué en 1994. Composé de représentants du Parlement, des administrations, des organisations syndicales représentatives et de personnalités qualifiées, il a pour mission :

- d'observer les conditions de mise en œuvre de la participation ;
- de contribuer à la connaissance statistique de la participation ;

© Éditions d'Organisation

- de rassembler l'ensemble des informations disponibles sur les modalités d'application de la participation dans les entreprises et de les mettre à la disposition des salariés et des entreprises qui en font la demande ;
- d'apporter son concours aux initiatives prises dans les entreprises pour développer la participation à la gestion et la participation financière des salariés ;
- de formuler des recommandations de nature à favoriser le développement de la participation et à renforcer les moyens d'une meilleure connaissance des pratiques de participation.

Le Conseil supérieur de la participation établit chaque année un rapport sur l'intéressement, la participation des salariés aux résultats de l'entreprise, les plans d'épargne d'entreprise, l'actionnariat salarié et sur les négociations salariales dans les entreprises ayant conclu des accords d'intéressement. Ce rapport est remis au Premier ministre et au Parlement. Il est rendu public.

Un décret en Conseil d'État détermine la composition et les modalités de fonctionnement du conseil dans des conditions de nature à assurer son indépendance et sa représentativité et à garantir la qualité de ses travaux.

COTISATIONS SOCIALES *(32, 54, 64-65, 77)*

Les sommes attribuées au titre de l'application des accords d'intéressement et de participation ne sont pas soumises aux cotisations sociales à l'exception de la CSG et de la CRDS.

CRITÈRES DE RÉPARTITION *(30, 44, 117)*

Les accords d'intéressement et de participation doivent prévoir les modalités de répartition entre les bénéficiaires des sommes calculées. Ces critères peuvent être liés à la durée de présence dans l'entreprise ou au niveau de salaire. La répartition peut aussi être uniforme entre tous les bénéficiaires.

CRDS – CONTRIBUTION AU REMBOURSEMENT DE LA DETTE SOCIALE *(6, 10, 12, 59, 63-64, 69, 78, 80-81, 88, 105, 110, 130)*

Inscrite dans le plan global de réforme de la Sécurité sociale proposé à la fin de 1995, la CRDS a été instituée en février 1996.

© Éditions d'Organisation

Elle sert à financer la Caisse d'amortissement de la dette sociale (CADES) qui a dorénavant pour tâche d'assurer le remboursement et le service de la dette cumulée de la Sécurité sociale.

Son taux de 0,5 % s'applique à la totalité des revenus d'activité, la quasi-totalité des revenus de remplacement – à l'exception des minima sociaux – et la quasi-totalité des revenus de placement.

CSG – CONTRIBUTION SOCIALE GÉNÉRALISÉE *(6, 10, 12, 59, 63-64, 69, 78, 80-81, 88, 105, 110, 130)*

Apparue sur les bulletins de paie en février 1991, la CSG est une retenue hybride (mi-impôt, mi-cotisation sociale) destinée au financement de la Sécurité sociale. Elle est collectée depuis l'entreprise, puis recouvrée par l'Urssaf.

La CSG concerne tous les revenus d'activité (salaires, revenus des professions non salariées agricoles et non agricoles, droits d'auteur), de remplacement (pensions, indemnités chômage et préretraite supérieure au SMIC, sauf pour les non-imposables), du capital financier ou immobilier (rentes viagères, revenus fonciers, de capitaux mobiliers, plus-values de cession de biens meubles ou immeubles).

Initialement fixé à 1,1 % son taux a été relevé à 7,5 % depuis le 1er novembre 1998. La CSG n'étant que partiellement déductible, une partie de son montant doit être réintégrée dans le revenu imposable.

DDTEFP – DIRECTION DÉPARTEMENTALE DU TRAVAIL, DE L'EMPLOI ET DE LA FORMATION PROFESSIONNELLE *(15, 24-27, 69, 101)*

Son rôle dans la mise en œuvre de l'épargne salariale s'articule autour de deux missions principales :

- assurer pour les entreprises et leurs salariés une mission générale de conseil, d'information et d'aide à la négociation collective dans la mise en place et la mise en œuvre des dispositifs ;
- prévenir et limiter le contentieux potentiel par un examen des accords lors de leur dépôt.

© Éditions d'Organisation

Par ailleurs, elle assure la collecte des données statistiques sur les caractéristiques des accords d'intéressement et de participation, et, désormais, des PEE, PEI et PERCO.

DÉBLOCAGE ANTICIPÉ *(12, 53, 61, 69, 85, 90)*

Date à partir de laquelle les salariés peuvent récupérer leurs avoirs – avant la fin de la durée normale de blocage – s'ils se trouvent dans un certain nombre de situations prévues par la loi. Les cas de déblocage anticipé sont différents selon qu'il s'agit de la participation et des plans d'épargne d'entreprise d'une part, ou du PERCO d'autre part.

DÉLAIS *(24, 26-27, 34, 41, 50-51, 57, 60, 62, 71-72, 74, 81-83, 98, 117, 127)*

La conclusion, le dépôt et le renouvellement des accords d'intéressement et de participation sont soumis à un certain nombre d'obligations relatives aux dates auxquelles ils doivent être accomplis. Le non-respect de ces délais peut entraîner le report ou l'annulation des avantages associés à ces accords.

DÉNONCIATION DE L'ACCORD *(15, 25-27, 50, 100, 110-111)*

Les motifs de dénonciation des accords sont strictement limités et ne peuvent avoir pour effet de porter atteinte au principe du caractère aléatoire de l'intéressement et de la participation, notamment en prévoyant la remise en cause de l'accord si un montant minimum de droits n'est pas dégagé.

EXERCICE *(18-19, 26, 36-37, 42-44, 48-49, 54, 57, 62, 65, 73, 81-83, 85, 94-99, 104-105, 107, 109-110, 122-124)*

Ce terme désigne la période séparant deux bilans consécutifs. D'une manière générale, l'exercice comptable couvre douze mois et s'étend le plus souvent du 1er janvier au 31 décembre.

FCPE – FONDS COMMUN DE PLACEMENT D'ENTREPRISE *(11-12, 59, 68-69, 75, 83-84, 90, 102, 105-107, 109, 124-127, 130)*

C'est une copropriété de valeurs mobilières servant essentiellement à gérer les sommes versées au titre de l'épargne salariale. Le FCPE est régi par une loi du 22 décembre 1998. Les versements des salariés et l'abondement éventuel de l'entre-

© Éditions d'Organisation

prise sont convertis en parts de FCPE représentant une partie de la valeur des actifs du fonds au moment de sa création. Au fur et à mesure de la vie du FCPE, la valeur de la part évolue en fonction de la valeur des actifs du fonds.

Il existe des fonds individualisés réservés aux salariés d'une même entreprise et des fonds multi-entreprises ou interentreprises ouverts aux salariés de plusieurs entreprises. Le FCPE ne peut exister qu'à la condition de recevoir l'agrément de l'AMF qui examine son règlement.

FONDACT – ASSOCIATION POUR LA GESTION PARTICIPATIVE, L'ÉPARGNE SALARIALE ET L'ACTIONNARIAT DE RESPONSABILITÉ *(129)*

Depuis 1980, sa vocation est de promouvoir, en pleine indépendance, la participation des salariés dans toutes ses dimensions, économiques, financières, sociales et culturelles. Rassemblant des acteurs très divers (entreprises, sociétés de gestion, cabinets-conseils, syndicats, universitaires, associations...) elle contribue au développement des opérations d'épargne salariale notamment à travers ses manifestations publiques, ses groupes de travail et ses publications. À titre d'exemple, dans sa brochure « Passeport pour la participation », FONDACT présente une illustration simple de l'intéressement.

- Si l'employeur dégage un budget de 2 000 euros à consacrer à un salarié, l'intéressement permet, grâce aux exonérations de charges sociales et fiscales, d'optimiser le coût de la « rémunération globale » selon le tableau :

	Salaire	Intéressement	Intéressement investi dans un PEE
Budget de l'employeur (euros)	2 000	2 000	2 000
Cotisations patronales (60 %)	– 750	0	0
Avantage brut	1 250	2 000	2 000

.../...

© Éditions d'Organisation

	Salaire	Intéressement	Intéressement investi dans un PEE
Cotisations salariales (19 %)	– 237,5	0	0
CSG et CRDS	– 95	– 152	– 152
Avantage net	917	1 848	1 848
Impôt sur le revenu (33 %)	– 227	– 454	0
Avantage net après impôt	690	1 394	1 848
« Efficacité »	34 %	70 %	92 %

FONDS SOLIDAIRES *(68, 76, 83)*

C'est un type de FCPE dont 5 % à 10 % des actifs sont émis par les entreprises solidaires agréées par l'État (entreprises de réinsertion pour personnes défavorisées) ou par des fonds de capital-risque pour aider les petites entreprises non cotées en Bourse à se financer et à se développer. Le PERCO doit obligatoirement comporter un FCPE solidaire.

INDICATEURS *(29, 34, 89, 95-96, 101)*

Élément central dans la mise en place d'un accord d'intéressement. Au-delà des prescriptions légales sur le caractère nécessairement « aléatoire » des critères retenus pour la construction des indicateurs, sur la nécessité de disposer d'éléments « objectifs et quantifiés », la détermination des indicateurs est une occasion de dialogue et de compréhension sur le mode de fonctionnement de l'entreprise entre tous les acteurs parties prenantes à l'accord. C'est un outil de communication dans l'entreprise sur toute la durée de vie de l'accord. Il en va de même pour la formule de la participation, dérogatoire ou non, à condition de prendre soin de donner aux salariés les bases minimales des conventions comptables.

© Éditions d'Organisation

INDISPONIBILITÉ *(55, 62, 73, 77, 83, 108)*

Les avantages fiscaux et sociaux attachés à la participation et à certaines affectations de la prime d'intéressement (PEE, PEI, PERCO) ont pour contrepartie des contraintes de blocage des sommes ainsi affectées. Toutefois, un certain nombre de cas de déblocage anticipé prévus par la loi permettent d'assouplir ces contraintes en fonction de certains événements importants dans la vie des bénéficiaires.

INFORMATION DES SALARIÉS *(30, 48, 79, 98, 126, 131)*

Élément central dans la conclusion et l'application des accords d'intéressement et de participation. La loi attache une importance toute particulière au respect de cette obligation, mais au-delà de l'obligation, le soin apporté tout au long de la vie de l'accord à en faire vivre les modalités et les péripéties à l'ensemble des bénéficiaires par une communication concrète et régulière est un investissement particulièrement rentable.

INTÉRESSEMENT *(1-100, 112, 114-117, 121-124, 130-131)*

C'est la première forme d'association des salariés aux résultats de leur entreprise, réglementée par une ordonnance de 1959. L'intéressement est facultatif et collectif, il doit présenter un caractère aléatoire et variable et ne se substituer à aucun élément du salaire.

LES – LIVRET D'ÉPARGNE SALARIALE *(84-85)*

Document récapitulatif remis au salarié par l'entreprise qu'il quitte à l'occasion de son départ. Il recense l'ensemble de ses avoirs au titre de la participation et du plan d'épargne, les coordonnées de l'organisme gestionnaire et les dates de disponibilité de ces avoirs. S'il dispose, au moment de son départ, de droits à intéressement et participation non encore attribués, il doit être informé des modalités d'attribution et de transferts de ces droits. Plus généralement, le LES doit indiquer les cas de déblocage anticipé et les modalités de transferts.

MANDATAIRE SOCIAL *(32, 42, 61, 68, 75)*

Exclu du bénéfice des accords de participation – s'il n'est pas titulaire d'un contrat de travail – il peut en revanche être béné-

© Éditions d'Organisation

ficiaire des accords d'intéressement et de plans d'épargne d'entreprise dans les entreprises comprenant d'un à cent salariés.

NÉGOCIATION *(6-7, 25-27, 31, 51, 67, 72-74, 88, 93, 119-120)*

Elle est au centre de la mise en place des accords d'intéressement et de participation. La négociation de branche est appelée à se développer, pour favoriser la création de plans d'épargne interentreprises de branches (PEI), notamment en cas d'extension d'une convention de branche. Par ailleurs, l'obligation annuelle de négocier dans l'entreprise est désormais étendue à la mise en place des accords d'épargne salariale, tant qu'aucun d'eux n'existe dans l'entreprise.

OPCVM – ORGANISME DE PLACEMENT COLLECTIF EN VALEURS MOBILIÈRES *(68, 83-84, 125-126, 130)*

Ils regroupent l'ensemble des formules offrant une gestion collective, dont les plus importantes sont les SICAV et les FCP (qu'on désigne par extension sous l'appellation d'OPCVM). Il y a quatre principaux types d'OPVCM : les monétaires, les obligataires, celles de court terme et les OPCVM d'actions. Les OPCVM ne sont pas cotés en Bourse.

PARTICIPATION *(1-37, 41-53, 55-61, 64-90, 102-114, 118-124, 130-131)*

Instituée en 1967 et renforcée par la loi du 7 novembre 1990, la participation des salariés aux fruits de l'expansion des entreprises est un droit des salariés dans les entreprises occupant plus de 50 salariés. La participation est calculée selon la formule suivante :

$$1/2\ (\text{bénéfice net} - 5\ \%\ \text{capitaux propres}) \times \frac{\text{salaires bruts}}{\text{valeur ajoutée}}$$

PART DE FCPE *(12, 68, 105-107)*

Fraction de la valeur d'un fonds commun de placement d'entreprise. La valeur de la part évolue en proportion de la valeur totale des actifs du fonds. Le détenteur de parts de FCPE est copropriétaire du fonds, mais il n'exerce pas directement les droits attachés à ces titres. La valeur liquidative de la part est calculée sur la valeur totale du fonds, compte tenu éventuellement de frais ou de commissions.

© Éditions d'Organisation

PEE – PLAN D'ÉPARGNE D'ENTREPRISE *(5, 12, 53, 56, 59-60, 62-63, 67-69, 71-80, 82, 85, 88, 90, 97-98, 123-124, 126-127, 130-131)*

Système d'épargne collective ouvrant aux salariés d'une entreprise la faculté de participer avec l'aide de celle-ci à la constitution d'un portefeuille de valeurs mobilières, dans des conditions financières avantageuses.

Toutes les entreprises peuvent être concernées et aucune discrimination ne peut être établie entre les salariés. Les plans d'épargne d'entreprise sont facultatifs. Les versements complémentaires de l'entreprise (abondement) sont exonérés d'impôts sur les sociétés et de la taxe sur les salaires ainsi que de l'impôt sur le revenu pour les salariés mais ils sont intégrés aux revenus dans le calcul de la CSG et de la CRDS.

PEI – PLAN D'ÉPARGNE INTERENTREPRISES *(5, 12, 53, 56, 59-60, 67, 71-72, 75-76)*

Le plan d'épargne interentreprises (PEI) a été institué afin d'encourager le développement des plans d'épargne salariale dans les PME en leur offrant la possibilité de mutualiser le coût de la mise en place de ces plans. Le PEI est créé à la suite d'un accord collectif conclu soit par plusieurs entreprises, soit par des entreprises d'une même branche professionnelle ou d'une même zone géographique (département, région, bassin d'emplois).

PERCO – PLAN D'ÉPARGNE POUR LA RETRAITE COLLECTIF *(5, 11-12, 53, 56-57, 59-60, 62-63, 67-72, 75-76, 78, 85, 88, 90, 126, 130)*

Institué par la loi Fillon d'août 2003, c'est un système d'épargne salariale collectif permettant aux salariés de se constituer avec l'aide de leur entreprise un portefeuille de valeurs mobilières en vue de se procurer un complément de ressources au moment de la retraite.

PLAFOND *(30, 37, 42-45, 62-63, 70, 76, 78, 99, 105)*

La réglementation sur les accords d'intéressement et de participation prévoit des montants maximums résultant de l'application des formules ou des indicateurs retenus. La répartition des sommes entre les salariés ne peut également dépasser un certain montant par salarié sous peine de voir l'excédent requalifié en salaire. De même les versements dans des plans

© Éditions d'Organisation

d'épargne ne peuvent pas dépasser un certain pourcentage des revenus des salariés. Enfin le niveau d'abondement de l'entreprise est lui-même plafonné.

PLUS-VALUE *(12, 69, 77, 107)*

Accroissement de la valeur d'un placement. Les plus-values réalisées dans le cadre d'un PEE, PEI ou de comptes bloqués sont exonérées d'impôt.

PPI – PROVISION POUR INVESTISSEMENT *(35, 37, 65, 104, 119-121)*

Mécanisme permettant à une entreprise de déduire de son résultat fiscal des sommes liées à sa politique d'épargne salariale.

PRODUCTIVITÉ *(34, 96)*

C'est l'un des critères d'intéressement souvent retenu. Sa détermination doit s'appuyer sur des éléments objectifs et quantifiables pour éviter tout litige au moment de l'établissement du calcul de la prime.

RATIFICATION *(15, 21-22, 24-25, 47, 103)*

C'est l'une des formes de conclusion d'un accord d'intéressement ou de participation. Elle doit être actée par les deux tiers du personnel de l'entreprise.

RENOUVELLEMENT DE L'ACCORD *(25, 31, 48, 113)*

L'accord d'intéressement, ayant une validité de trois ans, est renégocié selon cette périodicité. L'accord de participation, s'il est établi pour une durée déterminée, est renouvelé par tacite reconduction, sauf décision des parties d'en modifier les conditions.

RENTABILITÉ *(34, 73, 116)*

Capacité des fonds propres à produire du profit. La recherche de rentabilité conduit à essayer de l'apprécier au mieux, par des méthodes plus ou moins sophistiquées.

RSP – RÉSERVE SPÉCIALE DE PARTICIPATION *(11, 35-37, 41-43, 45, 48, 50, 55, 57, 64-65, 81-82, 84-85, 89, 103-106, 109-111, 118-121, 131)*

(Voir PARTICIPATION)

© Éditions d'Organisation

RÉSULTAT FISCAL *(34, 36, 104, 112-115, 118)*

Le résultat fiscal est déterminé par la somme du résultat courant avant impôt et du résultat exceptionnel. Il tient compte – par rapport au résultat économique – de diverses réintégrations ou déductions autorisées par le fisc.

RÉSULTAT NET *(34, 112, 114, 116, 119-120)*

C'est le résultat obtenu par l'entreprise après déduction, sur l'ensemble de ses produits, de la totalité des charges de l'exercice y compris l'impôt sur les sociétés.

SEUIL D'EFFECTIF *(19, 27, 41)*

Toute entreprise employant au moins 50 salariés quelles que soient la nature de son activité et sa forme juridique est soumise à l'obligation de conclure un accord de participation. Le seuil de 50 salariés est considéré comme atteint dès lors que l'entreprise a compté 50 salariés pendant 6 mois – consécutifs ou non – au cours de l'exercice considéré.

SICAV - SOCIÉTÉ D'INVESTISSEMENT À CAPITAL VARIABLE *(11, 13, 53, 55, 58, 68, 90)*

Comme les fonds communs de placement, les SICAV gèrent un portefeuille de valeurs mobilières, mais la somme des fonds gérés est, en général, beaucoup plus importante. Leur liquidité est totale. Les actions de SICAV peuvent être souscrites ou cédées à tout moment moyennant le paiement de frais et de commissions qui ne doivent pas dépasser 4,75 % à la souscription, plus une commission de gestion (de 1 % maximum). Leur rémunération est variable suivant leur orientation (prudent, équilibré, audacieux).

TRANSFERTS *(71-72, 74, 85, 99, 106, 127, 129)*

Opérations qui consistent à transférer des avoirs – disponibles ou non – de la participation ou d'un plan d'épargne vers un autre plan sans demander la délivrance de ces avoirs.

VALEUR AJOUTÉE *(11, 34-36, 50, 88-89, 104, 111-113, 118-120)*

La valeur ajoutée d'un produit est la différence entre la valeur finale de ce produit et celle des consommations intermédiaires

© Éditions d'Organisation

utilisées pour sa fabrication. La valeur ajoutée mesure la production effective de l'entreprise, quelles que soient la nature de cette production, la longueur de son cycle de fabrication ou la place de la firme dans le cycle économique.

VALEUR LIQUIDATIVE DES PARTS *(83, 106)*

C'est une valeur théorique de liquidation calculée à un instant *t*. Dans un FCPE, elle est obtenue en divisant l'actif net par le nombre de parts en circulation. L'actif net se compose de la valeur boursière (ensemble des titres détenus par le fonds multipliés par leur cours de valorisation) et des liquidités du FCPE.

VERSEMENT VOLONTAIRE *(10-12, 44, 56, 63, 70, 74-76, 81, 90, 96-99, 124)*

Ce sont les versements que les salariés décident d'effectuer dans un plan d'épargne (PEE, PEI, PERCO). Les versements peuvent en particulier provenir de la prime d'intéressement en totalité ou en partie. Le total des versements volontaires ne doit pas excéder 25 % du salaire brut annuel (hors participation).

© Éditions d'Organisation

www.ingramcontent.com/pod-product-compliance
Lightning Source LLC
Chambersburg PA
CBHW070404200326
41518CB00011B/2053